Ejercicios de fútbol

100 Ejercicios de Fútbol, Estrategias y Habilidades para Mejorar su Juego

Chest Dugger

Tabla de Contenidos

Tabla de Contenidos 2

Regalo incluido 4

SOBRE EL AUTOR 5

DESCARGO DE RESPONSABILIDAD 6

Introducción 7

Aspectos más importantes del fútbol para el individuo 11

Aspectos más importantes del fútbol para el equipo 19

Mantener la posesión 24

Habilidades de Pases Cortos 35

Tiros 43

Pases largos 51

Driblar 60

Aptitud física 64

Comunicación 71

Toque en equipo 78

Intercepciones de equipo 86

Posesión 94

Palabras finales 101

Regalo incluido

Como parte de nuestra dedicación para ayudarle a tener éxito en su carrera, le hemos enviado una hoja de ejercicios de fútbol gratis. Esta es la hoja de ejercicios "Hoja de Trabajo de Entrenamiento de Fútbol". Esta es una lista de ejercicios que puede utilizar para mejorar su juego, así como una metodología para hacer un seguimiento de su rendimiento en los ejercicios del día a día. Queremos llevarle al siguiente nivel.

Haga clic en el enlace de abajo para obtener los ejercicios gratuitos.

https://soccertrainingabiprod.gr8.com/

SOBRE EL AUTOR

Chest Dugger es el seudónimo de nuestro equipo de entrenamiento de fútbol, Abiprod. Abiprod es un equipo de apasionados entrenadores profesionales y aficionados, con sede en el Reino Unido y Australia. Puede visitarnos en www.abiprod.com

Hemos sido aficionados al deporte rey durante décadas, entrenando a equipos juveniles y senior. Como todos los aficionados al fútbol en el mundo, vemos y jugamos este hermoso deporte tanto como podemos. Tanto si somos seguidores del Manchester United, el Real Madrid, el Arsenal o Los Ángeles Galaxy, compartimos un amor común por el deporte rey.

A través de nuestras experiencias, hemos notado que hay muy poca información para el aficionado común al fútbol que quiere elevar su juego al siguiente nivel o que sus hijos empiecen en el camino del fútbol. Este es especialmente el caso de aquellos que viven fuera de Europa y América del Sur. El entrenamiento y la metodología de fútbol de calidad son bastante raros incluso en países ricos como EE. UU. y Australia.

Siendo apasionados por el juego, queremos hacer llegar el mensaje al mayor número de personas posible. A través de nuestro blog de entrenamiento de fútbol, libros y productos, nuestro objetivo es llevar lo mejor del entrenamiento de fútbol al mundo. Aunque estamos empezando en Estados Unidos y Australia, cualquiera que sienta pasión por el deporte rey puede utilizar nuestras tácticas y estrategias.

DESCARGO DE RESPONSABILIDAD

Derechos de autor © 2017

Todos los Derechos Reservados

Ninguna parte de este eBook puede ser transmitida o copiada en ninguna forma, incluyendo la impresión, electrónica, fotocopia, escaneado, mecánica o grabación sin el permiso previo por escrito del autor.

Aunque el autor ha hecho todo lo posible por garantizar la exactitud del contenido escrito, se aconseja a todos los lectores que sigan la información mencionada en el presente documento bajo su propio riesgo. El autor no se hace responsable de ningún daño personal o comercial causado por la información. Se anima a todos los lectores a buscar asesoramiento profesional cuando sea necesario.

Introducción

Ya sea conocido como fútbol o, como en los Estados Unidos, fútbol, el "deporte rey" es el deporte más popular del mundo. Los mejores jugadores ganan millones de dólares al año, y los mejores clubes son iconos en sus regiones. A los niños les encanta ponerse unas camisetas y divertirse. Es, a nivel mundial, el deporte de equipo que tiene la mayor participación del público y, al más alto nivel, como la Copa Mundial, las mejores ligas y las finales de copa, los partidos son vistos en directo por decenas de miles de aficionados que los animan. El apoyo sólo está limitado por el tamaño del estadio, con decenas o incluso cientos de millones de personas siguiendo a su equipo en la televisión.

Por lo tanto, no es de extrañar que tanta gente ame el juego y quiera ser el mejor en él. Los jóvenes sueñan con convertirse en los próximos Pelé, Messi, Maradona o Ronaldo. Este libro ofrece a entrenadores y jugadores una idea de cómo convertirse en un mejor jugador de fútbol. Hay capítulos sobre el papel del individuo en este juego de equipo, y el papel del equipo en un deporte iluminado por la brillantez de los individuos. Hay ejercicios para ayudar al jugador y a su equipo. De hecho, son los ejercicios los que llevan a los jugadores a convertirse en expertos, tan buenos como pueden ser. Los ejercicios toman los componentes individuales del fútbol y permiten la práctica en un ambiente libre de presión, o en un entorno de presión controlada.

Imagine que un partido de fútbol es como un examen de literatura inglesa. Para ese examen, se le enseña la información que necesita saber; usted practica el uso de ese aprendizaje en exámenes, discusiones y ensayos. Usted trabaja en ello por su cuenta, asegurándose de que su mente está lo suficientemente en forma para afrontar el reto del examen final.

Lo que usted no quiere en lo absoluto es aprender nuevos conceptos bajo la presión de una sala de exámenes. Ese es el lugar para mostrar lo que puede hacer, no para probar ideas arriesgadas.

En muchos sentidos, el deporte es lo mismo. Para el fútbol, el examen es el partido; aprender las habilidades es como comprender a Shakespeare; aplicar esas habilidades es automático en el caos del juego. Los ejercicios en los que has trabajado durante el entrenamiento te aseguran que estás lo suficientemente en forma para sobrevivir al juego de la mejor manera posible.

Y al igual que una gran obra literaria, una gran actuación futbolística se compone de elementos separados, que se combinan para producir la forma de arte que es el "deporte rey". Así como se puede examinar el carácter, la trama, el lenguaje y la metáfora cuando se estudia 'Macbeth'; una gran actuación en el fútbol está compuesta por el control, el pase, el tiro, la defensa y el trabajo en equipo.

Estos elementos pueden ser desglosados, practicados y perfeccionados durante los ejercicios de práctica . El ejercicio permite la experimentación; el fracaso y el error no importan. De hecho, aprendemos a través de nuestros errores. Hay menos presión durante un ejercicio, por lo que se puede dedicar tiempo a conseguir las habilidades individuales y los movimientos correctos que se desean. Un buen entrenador puede ayudar a un jugador a concentrarse en las áreas de debilidad. La presión puede ser introducida lentamente, y de manera controlada, intensifique la presión poco a poco para recrear condiciones más parecidas a las de la situación del partido.

Durante las sesiones de práctica, a menudo los jugadores más jóvenes (¡y probablemente más viejos!) anhelan el juego. "¿Podemos jugar un partido ahora?" es el tipo de petición que los entrenadores de los jugadores más jóvenes reconocerán fácilmente. Y eso está bien, un pequeño partido, tal vez uno que refuerce las habilidades en las que se centra la sesión de entrenamiento, y que sea un final divertido y útil para una sesión de coaching. Pero los ejercicios de juego son cruciales para ayudar a los jugadores a convertirse en lo mejor que pueden ser.

Estas sesiones de habilidades pueden centrarse en el individuo, trabajando en la técnica, quizás en grupos de dos por cuatro; también pueden ser ejercicios de grupo más grandes, o actividades de equipo completo que ayuden al entendimiento mutuo y a la coordinación.

Aspectos más importantes del fútbol para el individuo

Hay muchos elementos individuales que van juntos para formar a los mejores jugadores. Aquí vemos varias de ellos.

Uno: Actitud y compromiso

Quizás lo más importante de todo es que los mejores jugadores quieren mejorar, quieren demostrar lo que pueden hacer y quieren ganar. Colocarán al equipo por encima de ellos mismos como individuos. Trabajarán en las partes de su juego que son más débiles y tratarán de mejorarlas.

Serán líderes sobre el terreno de juego y en los vestuarios, desafiando la negatividad y animando a sus compañeros de equipo, especialmente a los más jóvenes, o a los más nuevos.

Estos atributos se combinarán para significar que obtendrán un enorme placer de jugar el juego. Cada partido, cada amistoso, cada sesión de entrenamiento será importante para ellos, y por su compromiso con ello, se convertirán en lo mejor que puedan ser. Y durante el partido, los jugadores con mejor actitud y compromiso son los que no dejan caer la cabeza cuando las cosas van en su contra, no culpan a sus compañeros de equipo o al árbitro, sino que siguen luchando, con la esperanza de dar la vuelta al partido.

Este es el tipo de jugadores que a menudo terminan como capitanes. Como muchos entrenadores han dicho, los mejores equipos tienen once capitanes.

Dos: Atributos físicos y mentales

Son elementos en los que los jugadores sólo pueden trabajar para mejorar dentro de los límites de su fisiología. Los elementos físicos necesarios para un futbolista pueden dividirse en varias partes.

1.*Aptitud física*: Los niños tienden a estar naturalmente en forma; si son lo suficientemente entusiastas como para venir a entrenar, jugar en el equipo, entonces es probable que estén activos en otras partes de su vida. Lamentablemente, cuando llegamos a la edad adulta, otras demandas de nuestro tiempo causan que el estado físico se disipe . El entrenamiento regular ayudará a mantenerlo, como encontrar tiempo para trotar treinta minutos o pasar una hora en el gimnasio. Junto con el entrenamiento de fútbol y los partidos, esto ayudará al jugador aficionado a mantener una aptitud suficiente para un nivel razonable de fútbol.

2.*Altura y fuerza*: No hay mucho que se pueda hacer con respecto al primero de estos atributos más que el entrenamiento y, si el estándar es de altura suficiente, algo de trabajo en la sala de pesas del gimnasio ayudará a mejorar el segundo elemento. Aunque los mejores jugadores poseen fuerza, incluso los de menor estatura también. Por esto es cierto que el fútbol es un deporte que se adapta a diferentes alturas, formas corporales y diferentes niveles de fuerza. Después de todo, Lionel Messi, considerado generalmente el mejor jugador de los últimos cinco años, necesitó tratamiento con hormona de crecimiento cuando era niño porque era muy pequeño. Incluso ahora, jugando para el Barcelona y Argentina, compensa su diminuta estatura con su velocidad y su lectura del juego.

3.*Velocidad*: Se puede trabajar en esto con la práctica de carreras cortas, pero a medida que los jugadores mejoran pueden acomodar a la falta de ritmo con su lectura del juego. En defensa, hacer caer a un delantero y asegurarse de que se está en la mejor posición para interceptar la jugada protege la falta de velocidad pura. En el ataque, se pueden aplicar trucos similares. El delantero del Arsenal y de Francia, Olivier Giroud, está bendecido con una velocidad media para un delantero, pero sigue marcando regularmente para el club y la selección gracias a su fuerza aérea, su excelente juego de piernas y su capacidad para estar en el lugar adecuado en el momento adecuado.

4.*Tocar:* Probablemente la parte técnica más importante de las habilidades de un jugador, la capacidad de controlar el balón rápidamente crea la oportunidad de tomar mejores decisiones, y utilizar el balón bajo menos presión. El maestro holandés Dennis Bergkamp era un ejemplo de un jugador para el cual el balón parecía pegado a sus pies; de la misma manera, su compatriota Johann Cruyff parecía tener botas magnéticas, por lo que parecía que el balón estaba pegado a él. Para estos dos grandes, jugar fútbol era más fácil porque la pelota siempre estaba allí, bajo su control. Tenemos un capítulo de ejercicios que ayudará a los jugadores a desarrollar su toque.

5.*Lectura del Juego*: Este es un concepto bastante difícil de definir. Tal vez sea mejor explicarlo como, esa cualidad de predecir dónde termina el balón, y los movimientos que los jugadores - colegas y oponentes - harán. Como habilidad, es en parte innata, en parte aprendida a través de la experiencia y en parte practicada a través de los ejercicios. Defensivamente, permite que los jugadores aparezcan en el momento adecuado; ofensivamente, permite que los delanteros recojan rebotes y desvíos, o que lleguen tarde al área para terminar una gran jugada. Creativamente, conduce a la clase de paso de maravilla que abre una defensa. El gran centrocampista alemán Mesut Ozil es un ejemplo de jugador que "ve" el pase y crea así muchas oportunidades para sus compañeros.

Tres: Las habilidades para jugar en su posición.

Es evidente que las habilidades del guardameta suelen ser diferentes a las del delantero central, aunque en la actualidad se espera que la mayoría de los guardametas del más alto nivel se sientan cómodos con el pase del balón y que sean capaces de iniciar los ataques con una entrega precisa por fuera de banda. Sin embargo, incluso dentro de las posiciones de campo, hay diferencias.

Como entrenador, es importante no encasillar a los jugadores jóvenes demasiado pronto. Un gran muchacho que pueda patear el balón lejos puede parecer un jugador de medio centro ideal, pero en el plazo de un año, sus amigos pueden haberle superado en altura, y puede que haya perdido la oportunidad de desarrollar las habilidades de un mediocampista ofensivo.

Sin embargo, a medida que los jugadores crecen, muchos tenderán a derivar hacia ciertos roles de juego. Aquellos que pueden operar en varios puestos ofrecen más al equipo, pero, teniendo esto en cuenta, estas son las habilidades típicas que a menudo se buscan en posiciones particulares:

Portero: Algo de altura, una vez que se juega al nivel profesional, es importante. El buen atletismo y el manejo fuerte son otros requisitos.

Un guardameta debe ser naturalmente valiente, y también debe patear bien.

Centrocampista: Una buena lectura del juego es vital, para anticipar las carreras y pases de ataque. Un poco de ritmo es una ventaja; ser bueno en el aire y físicamente fuerte son a menudo prerrequisito; la capacidad de sacar el balón de la defensa para lanzar un ataque puede convertir a un buen bloqueador en un jugador capaz de ofrecer más al equipo.

Recuperador: Un papel cada vez más importante en el fútbol moderno, y quizás uno de los más difíciles de dominar. Una recuperador es fuerte en ataque, pero también sabe defender. La velocidad es crucial, al igual que un buen nivel de forma física general. La capacidad de cruzar bien los pases es una ventaja.

Defensor: Similar a los recuperadores, pero con más énfasis en la defensa.

Mediocampista defensivo de centro (MDC): Muchos equipos juegan con uno o dos de estos jugadores. Un "buen motor", es decir, la capacidad de seguir funcionando es crucial. También es muy importante tener una idea clara del juego para saber cuándo proteger a la defensa y cuándo lanzar al ataque.

Mediocampista: Las habilidades y atributos deben ser similares a los de un MDC, pero se espera que un buen centrocampista añada goles a su repertorio también. Que tenga un buen tiro, que se ambidiestro y la capacidad de llegar tarde al área para saltar sobre un balón suelto son cualidades vitales.

Extremo: Aquí se necesita ritmo, la capacidad de golpear el balón para pasar al defensor y vencerlo con rapidez. Además, la habilidad de cruzar bien. Después de todo, no tiene mucho sentido ponerse en una posición fuerte y no ser capaz de entregar una buena pelota. Se espera que los Extremos marquen goles.

Número 10: Hoy, a menudo donde juegan los futbolistas más creativos. Habilidad en ambos pies, un ojo para un pase (y la habilidad de entregarlo), combinado con un gol regular son las expectativas para un jugador así. Una buena habilidad para regatear puede añadir una dimensión adicional, lo que provoca incertidumbre en la mente de los defensas.

Delantero central: Dos tipos distintos de jugadores permanecen en esta posición. Está el jugador fuerte y poderoso que es bueno de espaldas a la portería, que puede traer a sus compañeros de equipo con pases cortos e inteligentes y está el jugador que es fuerte en el aire. Hoy en día, los delanteros centrales son hábiles con ambos pies, con una ráfaga de velocidad y frescura ante la portería. Sea cual sea el tipo de jugador, como delantero central se espera que marque goles.

Aspectos más importantes del fútbol para el equipo

La definición de qué es lo que hace a un gran equipo de fútbol podría llevar a discusiones interminables. Es el tema de conversación en muchos bares. Si nos fijamos brevemente en algunos de los grandes, en términos de equipos, entonces está claro que surgen una serie de factores que nos ayudan a identificar las características de los mejores equipos.

Brillantez Táctica:

Los grandes equipos holandeses de la década de 1970 alcanzaron dos finales consecutivas de la Copa del Mundo, que deberían haber ganado; la selección española de la década de 2010 y el equipo barcelonés de la época jugaron de una manera que otros no pudieron contrarrestar. Los holandeses, por supuesto, inventaron el fútbol total, en el que cada jugador era capaz de desempeñarse en todas las posiciones. Quienquiera que estuviera en una posición determinada hace el trabajo requerido. Los equipos españoles y su juego de tiqui-taca o de pase corto movieron el balón tan rápido que sus oponentes no pudieron acercarse a ellos. El hecho de que estos equipos se beneficiaran de equipos de la talla de Cruyff, Messi e Iniesta añadió una ventaja adicional.

Extraordinaria delantera:

Algunos equipos han sido tan fuertes en ataque que simplemente han superado a sus oponentes. Los poderosos magiares de Hungría, que seguramente habrían ganado la copa del mundo si no hubiera sido por su gran jugador, Ferenc Puskas, 'asesinado' por un defensa alemán en una ronda anterior; el asombroso Real Madrid de los años 60 (también con Puskas, junto a Di Stefano), los brasileños de 1970, Pelé y Jairzinho a la cabeza. Sin embargo, a pesar de ser fuertes en ataque, estos equipos no eran débiles defensivamente, y el hecho de que el rival apenas tocara el balón también fue un factor de su éxito.

Excelente para todos los lados:

La Premier League inglesa es única en las grandes competiciones, ya que cada equipo es capaz de vencer a cualquier otro. Debido a las enormes cantidades de dinero de la televisión en la Premier League inglesa, incluso los equipos que terminan descendiendo regularmente derrotan a los equipos que se encuentran entre los seis primeros. No sucede lo mismo en el caso de Alemania, Italia (en menor medida) y

España, donde tal vez haya dos o tres contendientes fuertes, y tal vez tres o más que dan la sorpresa; por lo demás, simplemente no compiten con los mejores. El equipo 'Invencibles' del Arsenal de 2004, invicto durante toda la campaña, se forjó con fuerza en todas las posiciones. La velocidad de Thierry Henry, la astucia de Dennis Bergkamp, la potencia de Gilberto Silva y Patrick Viera y la calidad defensiva de Sol Campbell y Ashley Cole.

Por lo tanto, podemos ver que todos los mejores equipos fueron fuertes en todas las posiciones, incluso pueden haber sido mejores en algunas posiciones. Mantenían bien la posesión del balón, y tuvieron jugadores de especial brillantez.

Para la mayoría de nosotros, por supuesto, como entrenadores y jugadores, no llegaremos ni cerca a los niveles antes mencionados. Pero todavía queremos desarrollar nuestro juego al más alto nivel posible. Aunque no tendremos el placer de trabajar con jugadores de tal capacidad técnica, hay otros factores que poseen todos los grandes equipos, y en los que sin duda podemos trabajar con nuestros propios jugadores.

Estos son:

Comunicación

Actitud

Flexibilidad

(Más el mejor nivel de habilidad que el grupo puede alcanzar.)

La comunicación es crucial; el deporte es por naturaleza competitivo, el fútbol añade a esta competitividad desafío físico y velocidad. La comunicación añade otro aspecto a la capacidad de un jugador para leer el juego, para saber si tiene tiempo para jugar el balón o si debe patear el balón rápidamente. Les ayuda a saber lo que están haciendo sus compañeros de equipo.

La actitud, como vimos con las características individuales, es crucial. Hay que tener una mentalidad de equipo para competir lo más duro posible, para mantener la cabeza bien alta cuando las cosas van contra uno, para seguir jugando hasta el final. Muchos partidos que parecían perdidos han cambiado en los últimos diez minutos, a veces incluso en el tiempo añadido.

Por último, la *flexibilidad*. Jugar al fútbol no sólo se trata de lo que se hace como equipo, sino también de cómo juegan los rivales. Esa capacidad de adaptar la formación, de cerrarse rápidamente o de buscar el juego en el descanso marca a los equipos más exitosos de los que no lo son .

Mantener la posesión

Información general sobre los diagramas

La mayoría de los ejercicios descritos en los capítulos siguientes incluyen un simple diagrama explicativo. Para estos, los puntos (y ocasionalmente las casillas) representan a los jugadores y las líneas se refieren al movimiento de la pelota (blanco) y al movimiento de los jugadores (gris/azul). A veces, se utiliza un cuadrado para mostrar la necesidad de una cuadrícula (pintada o hecha de conos) y se añaden líneas para dividir las áreas del terreno de juego.

Posesión

El control del balón es la habilidad fundamental sin la cual ningún jugador puede ser una parte efectiva de su equipo. De hecho, en los niveles más altos, la primera cosa que un scout u observador mirará es el control de la pelota de su sujeto, a menudo referido como su "primer toque". Los mejores ejemplos de esto demostrarán lo siguiente:

- Mantener el balón cerca del cuerpo, adaptándose a la proximidad del oponente más cercano.

• Posicionar el balón de manera que pueda ser retirado fácilmente por un adversario.

• Usar el cuerpo para proteger el balón de la entrada de un adversario

A la hora de entrenar, hay ciertos puntos clave que debe enfatizar a sus estudiantes:

• Ponga su cuerpo en línea con el paso de la pelota lo más rápido posible.

• Cualquier parte del cuerpo que vaya a utilizar para controlar el balón debe relajarse ligeramente en el momento del impacto, amortiguando el balón, pero evitando que se atasque debajo, por ejemplo, del pie.

• Asegúrate de que tu cuerpo esté detrás de la pelota tanto como sea posible a medida que la controlas.

Una práctica individual en la que no profundizaremos es hacer malabares con la pelota. Esto ayuda a desarrollar la destreza, y puede ser como una actividad individual o como un reto de grupo. Por ejemplo, a los jugadores más jóvenes les encanta ser desafiados a hacer malabares con el balón diez veces sin que toque el suelo, mientras que seis jugadores pueden tratar de trabajar en equipo para mantener el balón fuera del suelo durante diez toques.

Ejercicios de práctica

Primer ejercicio: Pase Cuadrado

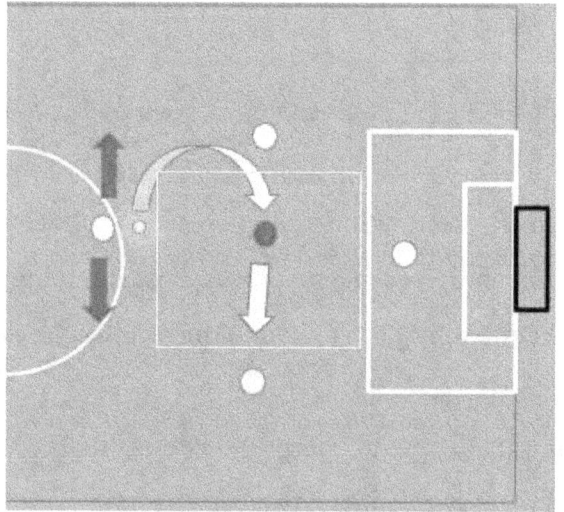

Utilizando cuadriculas (pueden marcarse con conos colocados, por ejemplo, a una distancia de ocho metros, o pueden pintarse sobre un terreno de juego):

- Coloque un jugador (mostrado abajo en blanco) en cada lado de la cuadrícula. Estos jugadores pueden moverse lateralmente a lo largo de su línea de la cuadrícula y hasta un metro detrás de ella.
- Un quinto jugador (azul/gris) está en el centro de la cuadrícula.
- Un jugador pasa la pelota al jugador azul/gris.
- El jugador Azul/Gris debe controlar la pelota y pasársela a cualquiera de los cuatro jugadores de blancos.
- Contrala el balón y luego lo pasa de nuevo a azul/gris.
- Después de un par de minutos, los jugadores rotan.

Enfatice las tres destrezas clave mencionadas anteriormente.

Desarrollo

- Comience el ejercicio con un tiro desde el jugador blanco, para ayudar a practicar el control con diferentes partes del cuerpo. Con jugadores más capaces, la cuadricula se puede ampliar, y se pueden introducir pases elevados para desafiar aún más al jugador gris. Sin embargo, en este caso se debe animar a los jugadores grises a que devuelvan el pase en el suelo.
- Establezca un número de toques para el jugador gris; por ejemplo, comience con tres, reduzca a dos y luego a uno.

• Anime a los jugadores blancos a que se muevan en sus líneas. Esto desarrolla la comunicación y también ayuda con los toques, así como anima a los jugadores grises a conseguir la posición correcta de su cuerpo tan pronto como sea posible.

Segundo ejercicio: Pase Cuadrado con los oponentes

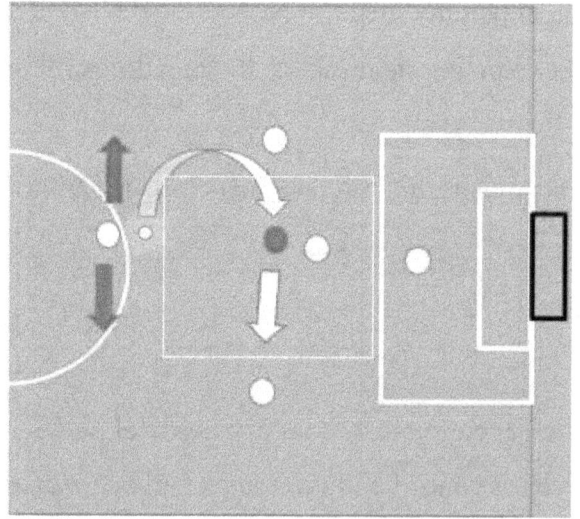

El ejercicio es el mismo que el anterior, pero se añade un sexto jugador. Este jugador se encuentra dentro de la cuadricula con el gris, y su objetivo es presionar la pelota.

Inicialmente, empiece con sólo un jugador, luego deje que el jugador defienda para ayudar a que el azul/gris desarrolle el equilibrio y se asegure de que su cuerpo está protegiendo la pelota. Finalmente, permita que el oponente intente ganar la pelota.

Aunque parece similar, este es un ejercicio mucho más desafiante.

Tercer ejercicio: Uso de todo el cuerpo

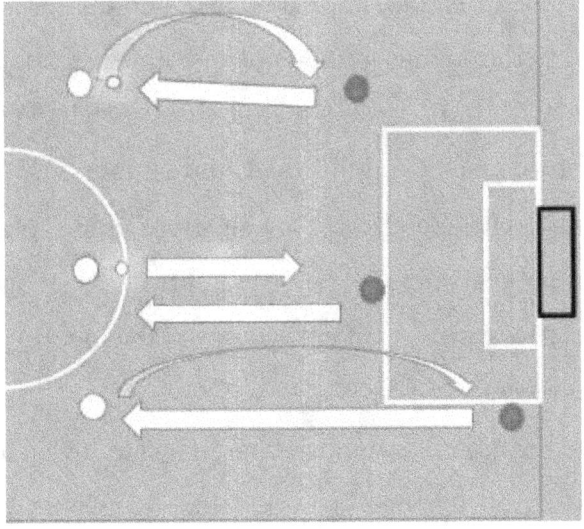

- El jugador blanco de arriba lanza la pelota para controlarla usando el pecho, el muslo y el pie levantado.

- El jugador blanco del medio está tocando el balón firmemente a lo largo del suelo, usando su empeine es un jugador bastante bueno.
- El jugador blanco de abajo está haciendo pases largos. Si estás trabajando con jugadores más jóvenes que tienen dificultades para hacerlo, pueden lanzar la pelota.
- Los jugadores azules/grises están trabajando en el control de la pelota y devolviéndola con un pase directo a su jugador blanco.
- En cada caso, los jugadores grises deben emplear las habilidades mencionadas anteriormente para controlar la pelota con éxito.
- En el primer ejemplo, al para la pelota de pecho, los jugadores deben hacer su pecho lo más grande posible, antes de relajarlo ligeramente en el último minuto para mantener la pelota cerca de ellos. El uso de los brazos para el equilibrio es muy importante con el control
- Mientras controlan el pase, los jugadores deben observar cuidadosamente el recorrido del balón, seguirlo y poner su cuerpo en línea, ya que el balón puede rebotar, y es probable que se pierda la precisión del oponente.
- En el tercer ejemplo, donde el pase ha sido levantado, el jugador gris necesita desarrollar la habilidad de tomar decisiones, aprendiendo qué parte de su cuerpo funciona mejor para él, si sus pies son descartados de la ecuación.

Desarrollo

El aumento de la distancia puede añadir un reto adicional, además de que el ejercicio puede ser desarrollado para enfatizar la práctica en la parte más débil de su control. Se puede aumentar la presión si los jugadores blancos tienen un suministro de pelotas y disparan la siguiente entrega tan pronto como la anterior ha sido tratada.

Cuarto ejercicio - Cuerpo entero bajo presión

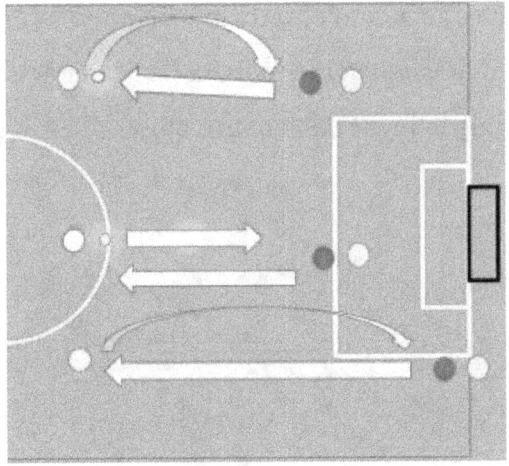

Una vez más, añadimos un oponente al ejercicio directo. Esto es especialmente útil ya que añade la dimensión de la toma de decisiones al jugador gris. Debe juzgar cuán lejos puede moverse hacia el balón y qué parte del cuerpo utilizar para controlarlo, al tiempo que se asegura de impedir que su oponente intercepte el balón o haga un tackle antes de que pueda realizar un pase con el balón.

Quinto ejercicio - Segmentos

Este es un ejercicio brillante que desarrolla muchos aspectos del juego de un individuo. Permite la comunicación, la toma de decisiones, la aprobación y la interceptación. Funciona de maravilla con la formación en grupo, así como el trabajo en equipo es crucial para jugar con éxito. Segmentar es una gran manera de terminar cualquier sesión de ejercicios. Se puede jugar con cuatro, cinco o seis jugadores en cada equipo.

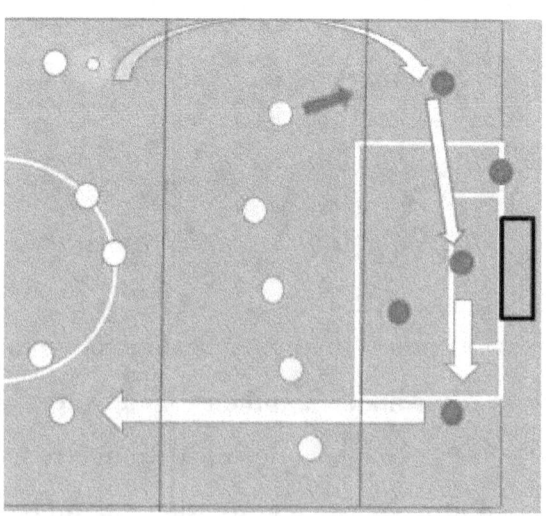

- La mitad del campo se divide en tres segmentos iguales, como se indica a continuación.

- El objetivo es conseguir que la bola pase del segmento uno (blanco) al segmento 3 (azul/gris) sin que los jugadores grises amarillos/claros del segmento dos intercepten el juego.

- La pelota debe ser pasada de nuevo del segmento tres al segmento uno.

- Si el balón es interceptado o sale del juego, entonces el equipo que cometió la falta cambia con el equipo "defensivo" que ocupa el segmento 2.

- Sólo un jugador del segmento dos puede presionar la pelota cuando está en el segmento uno o en el segmento tres.

- El control de la pelota inicial es esencial, ya que cuando el ejercicio funciona bien, el equipo defensivo aplica una presión rápida.

- A partir de ahí, corresponde al equipo crear el tiempo y el espacio para realizar un pase que cruce el segmento dos hasta el otro extremo del campo.

Desarrollo

- Permita que los jugadores que presionan intercambien de posición, para que regresen y otro jugador mejor ubicado pueda desafiar mientras el equipo intenta crear espacio para el pase. Permita que un segundo jugador presione la pelota.

- Reducir el área de juego
- Imponer restricciones para desarrollar la habilidad que se está practicando, por ejemplo, si el ejercicio va a trabajar en el control del pecho, sólo permitir pases elevados.

Habilidades de Pases Cortos

Para mayor precisión, los pases cortos se deben jugar con el empeine. Un buen consejo para entrenadores y jugadores es que siempre practiquen el pase con los dos pies, así que trabajen con el pie izquierdo y luego con el derecho.

Puntos Clave

- Acérquese a la pelota desde un ángulo de unos 30 grados.
- Acerque al balón con el pie que no patea.
- Asegúrate de que tu peso esté inclinado hacia delante, con la cabeza por encima de la pelota. De esta manera, el pase permanecerá en el suelo, lo que facilita el control de tu compañero de equipo.
- Conoce a tus compañeros de equipo, para que puedas pasar a su pie con mayor habilidad (si tienen uno).

Primer ejercicio: Paso Simple de la cuadricula

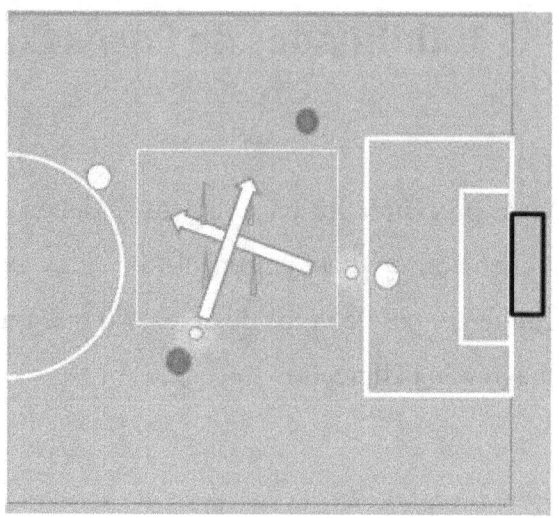

- Utilice la cuadrícula con un cuadrado más pequeño en el centro.

- Dos jugadores (gris, abajo) pasan a través de la rejilla, asegurándose de que la pelota pase por el cuadrado central.

- Una vez que se domina esto, dos jugadores más practican a través de la cuadrícula (amarillo/gris pálido, abajo). Esto significa que la sincronización del pase es importante para evitar que las bolas se golpeen entre sí.

- Para que el ejercicio sea realista, los jugadores deben estar siempre en movimiento.

Segundo ejercicio: Pase de Cuadrado

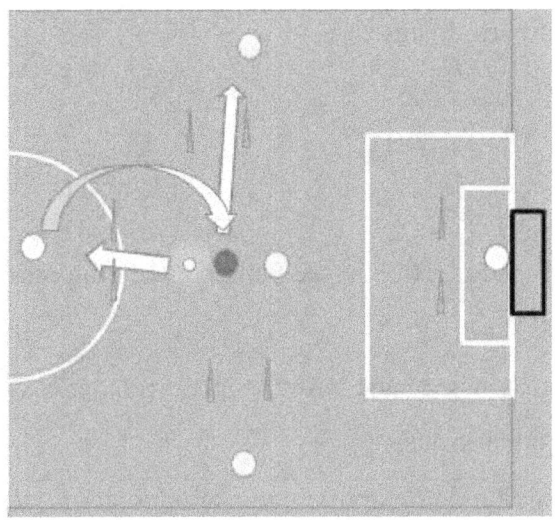

Este ejercicio es bueno para conseguir que el jugador varíe su pase.

• Marque un cuadrado aproximado con cuatro juegos de dos conos. El ejercicio es para el jugador azul/gris en el centro.

• Este jugador debe pasar la pelota a través de los conos a un compañero de equipo, pero de una manera diferente para cada uno.

• En este ejemplo, los dos jugadores blancos recibirán un pase directo a los pies, uno de ellos con el pie izquierdo y el otro con el derecho.

• Los jugadores de color amarillo/gris claro pueden realizar un pase para correr, el otro un pase levantado.

• Los jugadores de apoyo simplemente devuelven la pelota al jugador gris después de haber recibido su pase.

• Rotar periódicamente.

Desarrollo

• Los jugadores que lo reciben deciden el tipo de pase que quieren.

• La presión se añade al jugador central con el balón jugado en una variedad de formas.

• La adición de un oponente para aumentar la presión ayuda a recrear la situación del partido.

Tercer ejercicio: Uno entra, otro sale

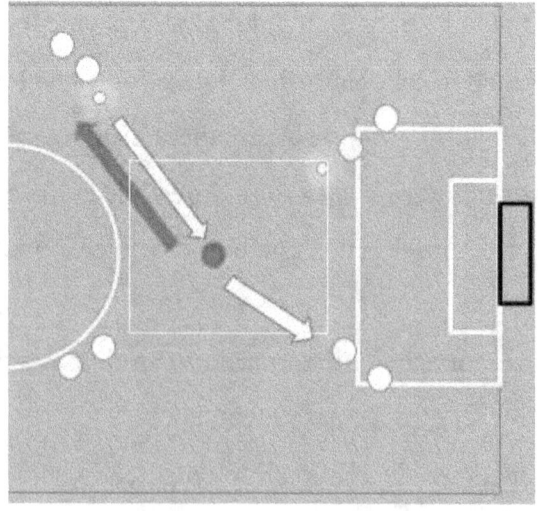

- Este ejercicio utiliza una cuadricula, se puede hacer más grande para los jugadores menos hábiles, para dar más tiempo con el balón.
- Un jugador de una esquina (blanco) juega la pelota hacia el jugador central (gris/azul). Corre tras el balón hacia el centro.
- El jugador central gira 180 grados con el balón y pasa a la esquina en la que se encuentra ahora. Sigue el balón hasta esa esquina.
- El jugador de la siguiente esquina (amarillo/gris claro) juega la pelota para que la habilidad se repita.
- La jugada continúa.

Este es un ejercicio de calentamiento muy eficaz, así como bueno para pasar el balón, ya que puede comenzar suavemente con un aumento de la velocidad a medida que los jugadores se aflojan.

Cuarto ejercicio: Pase, Pase, Dispare

Este es un buen ejercicio para mantener a los jugadores motivados, ya que a todo el mundo le encanta disparar al arco. Enfatice la importancia de mantener la pelota en el suelo para este ejercicio, hasta la etapa del tiro al arco.

(Recuerda entrenar a tus jugadores para tirar bajo a través del cuerpo del guardameta - esta es la posición más difícil de alcanzar para el guardameta, y también crea la oportunidad de rebotes si el tiro es tapado parcialmente).

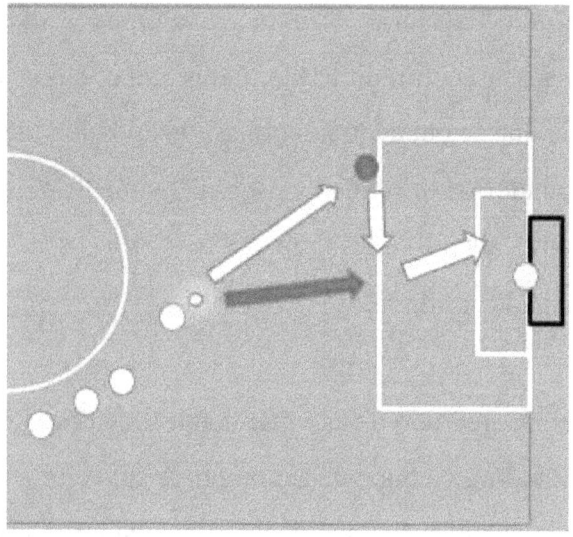

- El jugador blanco pasa al azul/gris y sigue adelante (flecha azul/gris) para el retorno.
- El jugador Azul/Gris toca con un simple uno-dos.
- El jugador blanco termina con un tiro.

Desarrollo

Empieza con dos toques y luego pasa a la jugada de un toque.

Quinto ejercicio: Recorrido de obstáculos

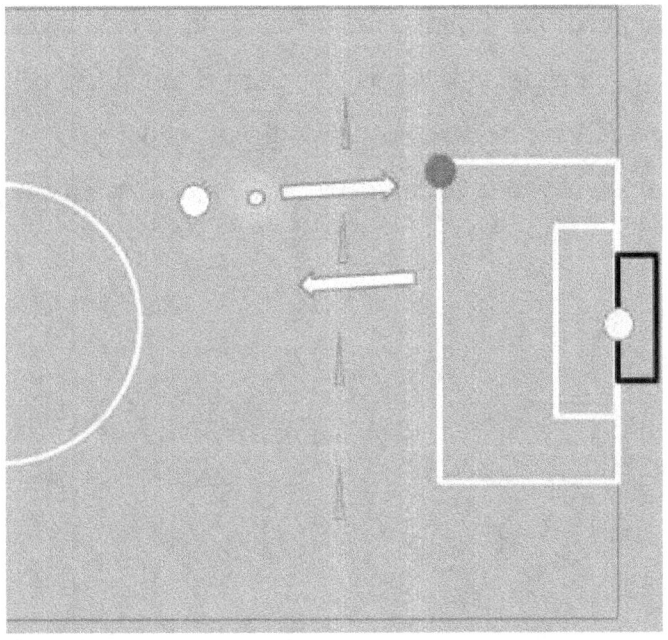

Este es un buen ejercicio de acción rápida, también es ideal para un calentamiento. El ejercicio se puede hacer más simple o más difícil colocando los conos más separados o más juntos.

- El jugador blanco pasa a través de los conos hasta el gris.
- El gris controla, cambia el ángulo y vuelve a pasar entre dos conos diferentes.

Desarrollo

El ejercicio puede ser desarrollado mediante la adición de un defensor que corre paralelo a los conos, que tiene como objetivo interceptar los pases. En este caso, los otros jugadores deben trabajar juntos para hacer ángulos que permitan pasar por alto al defensor.

Tiros

Los puntos clave (para desarrollar esta habilidad) son los siguientes:

• Disparar a través de la pelota, golpeando el balón con el empeine para obtener más potencia.

• Mantener la cabeza hacia adelante y por encima de la pelota para asegurarte de que el tiro se mantenga bajo.

• Practicar con ambos pies; los mejores delanteros anotan con ambos pies.

• Apuntar a tirar al otro lado de la portería, apuntando hacia el segundo palo.

Primer ejercicio - Disparo Rápido

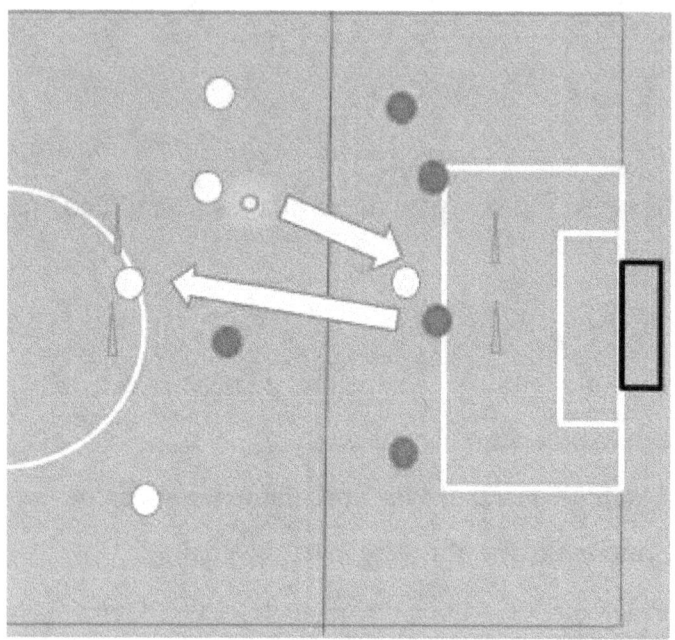

Este ejercicio de tiro de acción rápida requiere mochos balones. Es muy popular, pero necesita una cuidadosa observación ya que las pelotas vuelan rápidamente.

- Montar un mini campo con dos porterías a unos 30 metros de distancia. Asegúrese de que haya dos mitades claras en el campo.
- Coloque diez balones detrás de cada portería.
- Cada vez que se preparan con su equipo en su mitad. Se permite el ingreso de un jugador de cada lado en el campo contrario. Ese jugador está ahí para rebotes y desvíos. También puede presionar el paso de sus oponentes.

- Los jugadores blancos empiezan. Deben disparar desde su propia mitad. Tienen diez segundos como máximo para disparar.
- Inmediatamente después del tiro, los grises/azules preparan su primera bola y repiten.
- Esto continúa con intentos alternativos.
- El objetivo es disparar rápidamente desde tu propio campo.

Segundo ejercicio: Pasar y Disparar

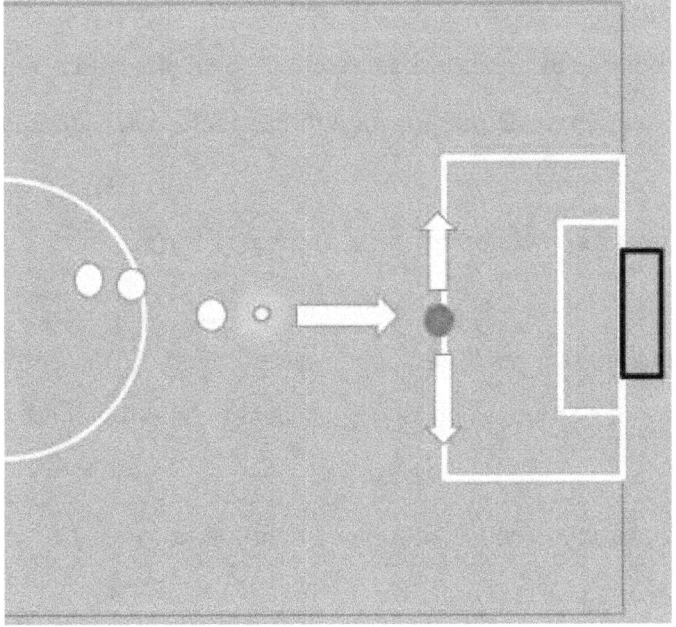

Un ejercicio simple pero eficaz. Anime realmente al jugador a tirar a través de la portería, apuntando al segundo palo. El ejercicio se puede practicar con un jugador de apoyo persiguiendo en el tiro, buscando el rebote.

- El jugador blanco pasa el balón a los pies del jugador azul/gris, y sale corriendo en la dirección de una de las flechas, indicando con una llamada, o señalando con el brazo, donde él o ella quiere el pase de vuelta.
- El jugador azul/gris realiza un pase corto.
- El blanco sigue corriendo y dispara.
- Se puede permitir un solo toque, y esto se puede desarrollar con el objetivo que el jugador dispare el balón en su primer toque.
- Asegúrese de que los jugadores practiquen usando ambos pies.

Tercer ejercicio: Dispara al primer toque

A los jugadores les encanta este ejercicio. Como entrenador, tenga en cuenta el riesgo que corre el guardameta, si utiliza uno.

Concéntrese en las siguientes habilidades.

- El delantero debe cambiar el ángulo de su carrera para crear espacio.
- El ultimo tiro debe ser el primero

- El cruce debe ser hacia atrás, sacando al portero del juego.

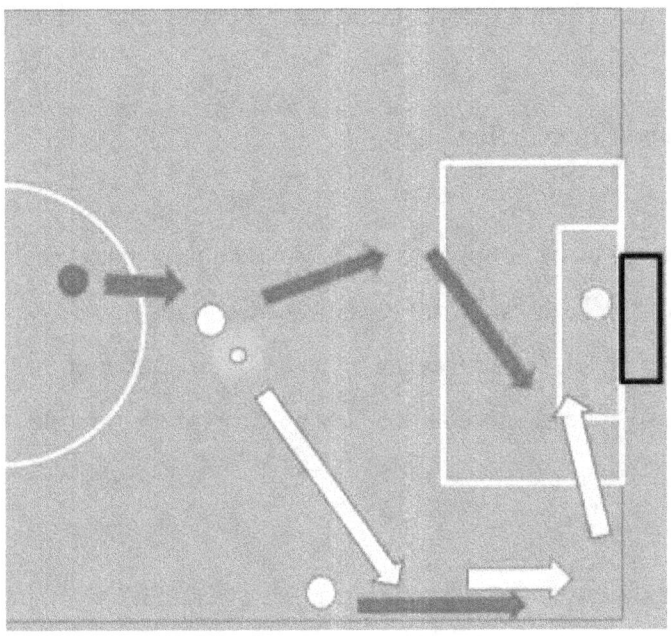

- El jugador blanco pasa el balón a su compañero de banda
- Los blancos corren hasta el poste lejano, y luego cortan a la velocidad del poste cercano anticipándose al cruce.
- Mientras tanto, el extremo blanco driblea por el ala y tira el balón por el suelo hasta el primer palo.
- El delantero blanco dispara al arco en un solo toque.

Desarrollo

Se puede añadir un defensor para probar la trayectoria del delantero. El defensor debe jugar con moderación ya que sabe la carrera que hará el atacante. Está ahí para presionar, no para ganar el balón.

Cuarto ejercicio: Girar y disparar

Este ejercicio utiliza el primer toque del delantero para crear espacio para el tiro. Tirar en la curva es más difícil que cuando se corre hacia la pelota, pero los jugadores deben tratar de mantener su peso hacia adelante, su cabeza sobre la pelota y patear con el empeine para generar energía.

El uso del defensor (jugador azul/gris) es opcional. Dependiendo del nivel de habilidad de los jugadores, el jugador puede ser pasivo o intentar detener el tiro.

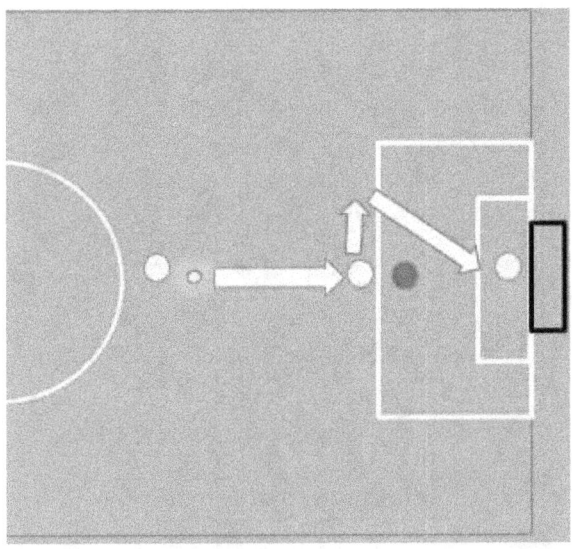

- El jugador del equipo blanco pasa la pelota en su delantero.
- El delantero controla, gira a gran velocidad, creando un poco de espacio, y dispara en su primer toque.

Quinto ejercicio: Tiro de volea

Este ejercicio puede ser adaptado por el jugador que da el pase (gris, abajo) tomando diferentes posiciones. Para mayor precisión, es mejor que el jugador en cuestión lance la pelota en lugar de cruzarla con los pies.

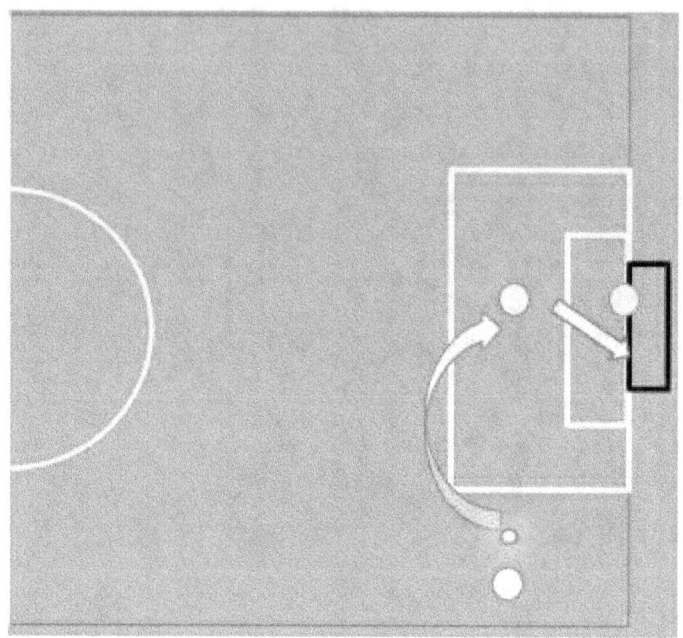

- El delantero (blanco) apunta su hombro opuesto a su pie de ataque hacia el balón, girando las caderas.

- El cuerpo se desbloquea como un sacacorchos, el pie de disparo en el aire para el tiro y los brazos hacia fuera para mantener el equilibrio.

- El ritmo del balón significa que no es necesario tirar fuerte. De hecho, el empeine se puede utilizar si la pelota está a una altura particularmente difícil.

- El objetivo es alcanzar el objetivo, el ritmo se generará naturalmente.

Pases largos

Afortunadamente, como la mayoría de los puristas dirían, los entrenadores saben que mantener la posesión del balón es la clave del éxito sobre el terreno de juego. Puesto que conserva la energía y cansa a la oposición, ya que tiene que cambiar de posición para hacer frente a los diferentes ángulos de ataque. ellos pases al ras del suelo también es más agradable a la vista. Por ejemplo, bajo la dirección del legendario Charles Hughes, exdirector técnico de la Asociación de Fútbol en Inglaterra, la teoría era que el balón se adelantara lo más rápido posible. Sin embargo, como demostraron los resultados de Inglaterra, no fue la mejor táctica, marcando uno de los períodos menos exitosos de la selección inglesa a nivel internacional.

A pesar de ello, el pase largo tiene su lugar. Tácticamente, puede dar la vuelta a las defensas, permitiendo que los delanteros rápidos se metan por detrás. Jugado por un jugador hábil, capaz de sostener el balón en alto, puede aliviar la presión y permitir un rápido descanso. Jugado en campo cruzado, puede cambiar rápidamente la dirección del ataque, haciendo que los oponentes reformen su formación defensiva.

Puntos clave de entrenamiento

- El pase a menudo tendrá que ser levantado

• Dispare con el empeine, inclinándose ligeramente hacia atrás para alcanzar la altura (si hay mucho espacio, mantener la cabeza por encima de la pelota evitará que se levante).

• Patear ligeramente por debajo de la pelota, también para ayudar a levantarla.

• Aproximación de unos 30 grados

• Poner el pie que no patea firmemente al lado del balón.

• Mantén los ojos en el balón.

• Haga un seguimiento con el pie que patea; esto generará distancia.

Primer ejercicio: Pase Corto/Pase Largo

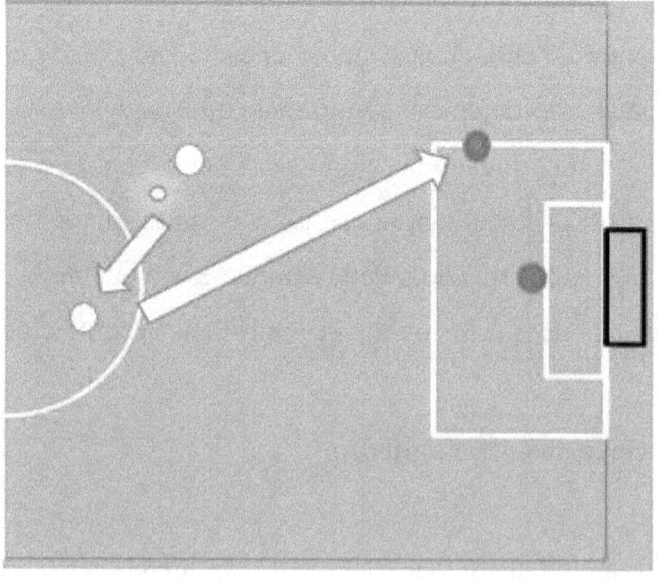

- El jugador del equipo blanco hace un pase corto a otro jugador blanco.
- El jugador blanco da un pase diagonal largo hacia el jugador azul/gris
- El ejercicio se repite

Desarrollo

La adición de un defensor puede añadir un desafío al ejercicio.

Segundo ejercicio : Pase Largo y Control

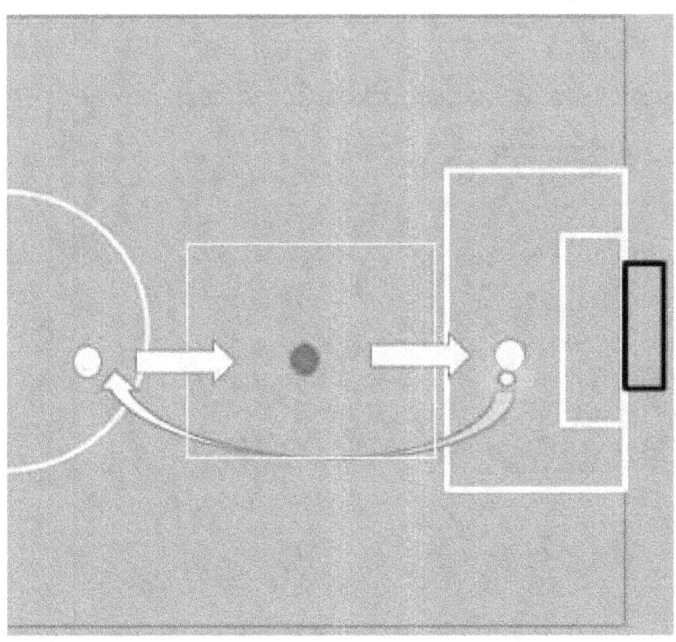

Un problema clave con el pase largo a un compañero es que es más difícil de controlar. Este ejercicio cubre ambos extremos del pase. Dependiendo de la velocidad y la habilidad, los dos jugadores finales deben estar a unos 20-25 metros de distancia.

- La pelota es jugada durante mucho tiempo por el primer jugador blanco, por encima del jugador azul/gris en la cuadrícula (o entre los conos).
- El segundo jugador del equipo blanco se pone en posición para recibir la pelota, según los ejercicios de "control" anteriores.
- Este elige si quiere pasar el balón en su primer toque al jugador gris(con la cabeza, el pecho o los pies) o si quiere controlar el balón y dárselo en gris.
- Los pases grises son para el primer jugador blanco.
- Rotar periódicamente.

Tercer ejercicio: En el espacio

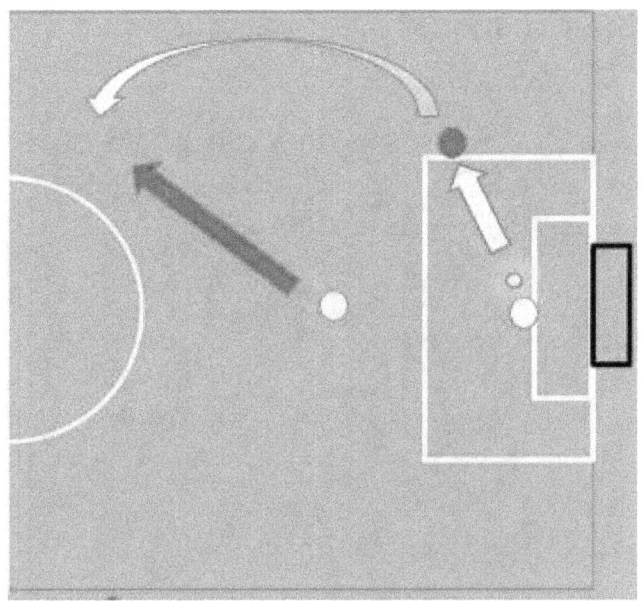

Un ejercicio útil para alejar el balón de la defensa y lanzar una oportunidad de ataque. Este ejercicio se puede utilizar en otras partes del campo, y también como pase de campo cruzado.

• Los jugadores blancos juegan un pase en cuadrado corto al jugador azul/gris.

• El jugador Azul/Gris realiza una pelota larga por la línea hacia el espacio.

• Mientras tanto, el jugador amarillo/gris claro ha anticipado la jugada y corre en ángulo. Debe partir cuando el jugador blanco comience su pase.

Cuarto ejercicio: Disparo con efecto

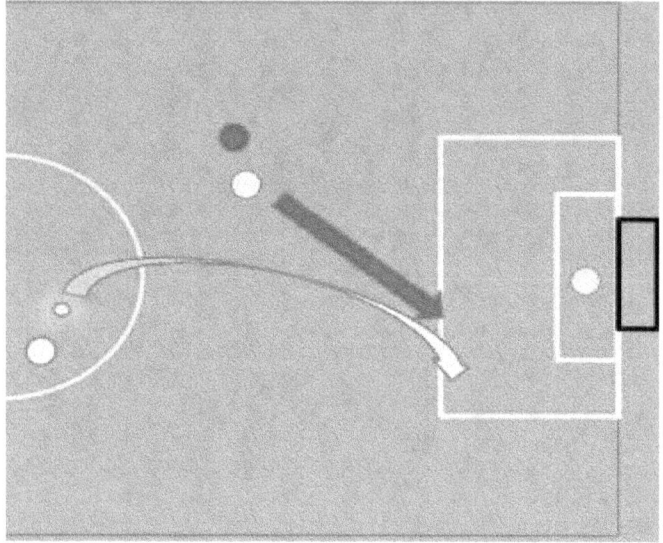

Un pase difícil de realizar, pero una buena arma para tener en el arsenal. Se puede jugar por encima de un defensor, y luego se puede sostener cuando rebota, dando a un delantero rápido la oportunidad de ponerse detrás de la defensa antes de que el balón pueda ser recogido por otro defensor o guardameta, o de que el balón salga del juego. El pase tiende a ser elevado y puede carecer de velocidad, lo que permite a los defensores cortarlo si se colocan a tiempo.

Habilidades clave

- Inclinarse ligeramente hacia atrás cuando se realiza el pase para dar altura.
- Golpe con el dedo del pie
- No se debe hacer mucho seguimiento al balón
- Golpea el balón de forma centralizada

El ejercicio:

- El jugador blanco da un pase elevado
- Su compañero de equipo y el jugador azul/gris se mueven hacia el balón
- El guardameta decide si puede recoger el balón o no.

Lo mejor es limitar el movimiento de los jugadores defensivos para que el que realiza el pase desarrolle confianza con esta habilidad delicada.

Quinto ejercicio; Parte externa del pie

El uso de la parte exterior de la zapatilla provocará una curva en la pelota.

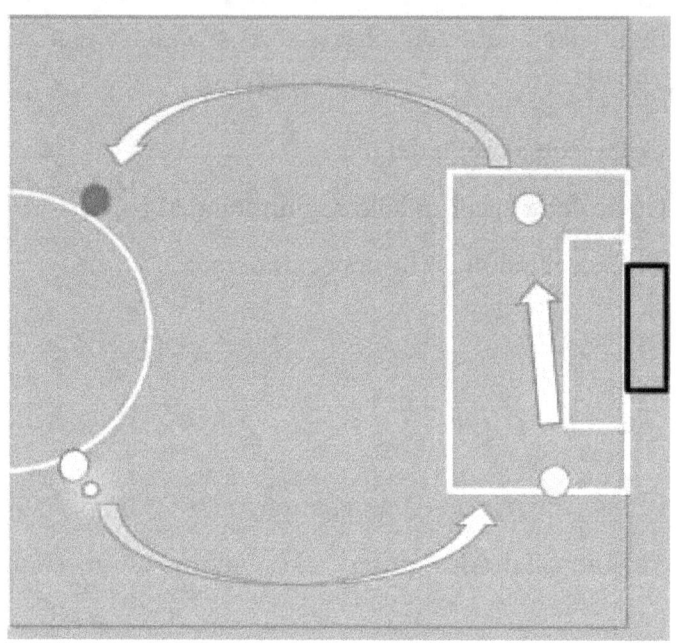

El diagrama muestra el golpe de la pelota con la parte exterior del pie izquierdo

Habilidades clave:

- Golpea la pelota firmemente con el lado de los cordones.
- Apunta un poco más ancho que donde quieres que acabe el pase - la pelota tendrá el efecto deseado.

El ejercicio:

- El jugador blanco golpea la pelota con la parte exterior de su pie, curvándola al jugador amarillo/claro gris.
    - El jugador amarillo/gris pálido juega un pase corto al blanco.
    - El jugador blanco repite el pase largo al gris.
    - Y así sucesivamente, girando según sea necesario.

Tenga en cuenta que si la pelota es golpeada con el pie derecho, se curvará en sentido contrario.

Este ejercicio puede adaptarse para trabajar con un pase curvo con el empeine. Aquí, la bola se curva mucho menos. El balón debe ser golpeado con el empeine delantero, con firmeza, inclinándose hacia atrás y pateando con un movimiento de barrido bajo el sureste del balón mientras usted lo mira.

Driblar

¿Hay algo más emocionante que ver a un jugador derrotar a su oponente con un momento de habilidad divina, o ver a un delantero presionando en la portería, con el balón bajo control perfecto?

Los ejercicios con el balón en el suelo son muy sencillos de instalar. Sólo se necesitan conos para regatear; cuanta más distancia haya entre los conos, el recorrido del jugador será más rápido

La habilidad clave al driblear es mover el balón con los empeines, de modo que no se interrumpa el patrón de pase largo. Cuanto más cerca esté un adversario, más cerca del pie debe estar el balón

Es útil usar líneas, como líneas de cuadrícula o líneas de banda, para ayudar a los jugadores a correr en línea recta.

Primer ejercicio - Dribleo cerrado simple

- Ponga los conos a una distancia apropiada, quizás 1-2 metros.
- El jugador driblea a través de los conos.

- O bien, pasa a un jugador para que driblee, o bien girar y pasa de nuevo a otro jugador.
- Trabajar con ambos pies.

Segundo ejercicio – La bicicleta

Esta maniobra crea espacio para un pase o para engañar a un defensor, permitiendo que el jugador pase.

- Crear un espacio en los conos para dejar espacio para el paso por encima
- El jugador deja caer el hombro de lado (p. ej., derecha) donde se producirá la bicicleta.
- El jugador camina sobre la pelota de adentro hacia afuera (p. ej., con la pierna derecha).
- Con el otro pie (por ejemplo, el izquierdo), el jugador desplaza la pelota hacia la izquierda y acelera.

Tercer ejercicio - El giro de Cruyff

El truco, hecho famoso por el maestro holandés de los años 70, permite un cambio completo de dirección en el juego.

- Driblar a través de los conos.
- En la línea, pase sobre la pelota, luego arrástrela de regreso a través de sus piernas con el dedo del pie que completó el paso.
- Dribla hacia atrás.

Cuarto ejercicio - Driblar al portero

Este simulacro da una práctica de 1-1 contra el portero. El ejercicio se puede desarrollar con la introducción de un defensor, que empieza detrás del delantero. Para que el ejercicio sea apropiado para el desarrollo de las habilidades de dribleo, el defensor debe empezar lo suficientemente atrás del delantero para asegurarse de que sólo pueda atrapar al delantero si éste controla mal el balón.

- Driblar directamente al portero, empujando la pelota hacia delante con el empine rápidamente para recorrer más campo.
- A medida que el portero se acerca:
    - Dispara bajo, cerca del cuerpo O
    - Espera a que el portero se sumerja a tus pies y pásale el balón por encima.
    - Rebotar el balón, usando una habilidad como un giro o una pisada, y tirar al arco vacío.

Quinto ejercicio - Correr con la pelota

Para este ejercicio, coloque los conos ampliamente separados, por lo menos 8-10m, o practique sin conos.

Dado que, en un partido, esta habilidad sólo se emplearía cuando hay mucho espacio delante del jugador, para que el ejercicio sea realista, debe ser lo más sencillo posible.

- Asegúrese de que los jugadores usen su empeine para impulsar el balón hacia adelante.
- Necesitan asegurarse de que su patrón de pase largo no se rompa al propulsar la pelota.
- Trabajar a lo largo de un campo, o desde la mitad del camino hasta la línea de banda. Primero un jugador driblea y luego el otro.

Aptitud física

Los ejercicios de aptitud física se combinan muy bien con ejercicios de fútbol. Cualquier juego con el balón es beneficioso. Todos estos ejercicios poseen el balón hasta cierto punto.

Primer ejercicio: Persecución de Fútbol

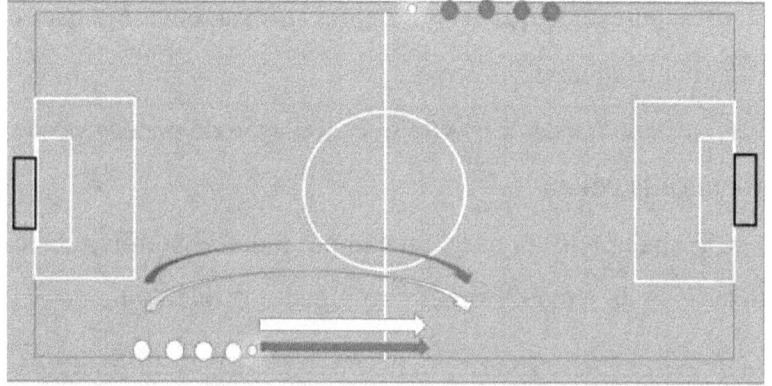

- Los jugadores se alinean en una línea de las bandas a unos 2 metros de distancia.
- El jugador delantero tiene una pelota.
- Los jugadores corren continuamente haciendo su camino alrededor de la cancha, mientras hacen lo siguiente:

- El jugador líder driblea durante 5 metros, luego pasa por encima del balón para que el compañero de equipo que está detrás driblee durante la misma distancia. Él también pasa por encima de la pelota.
- Esto continúa hasta que la pelota llega al jugador en la parte de atrás. Luego driblea alrededor de sus compañeros de equipo hasta que llega al frente de la línea, donde se repite el ejercicio.
- Se puede añadir un cierto grado de competición si otro equipo comienza de forma opuesta, siendo el equipo ganador el primero en atrapar al jugador más retrasado del otro lado. Es como una carrera de persecución en bicicleta.

Segundo ejercicio: Duro contra la defensa

Un ejercicio realmente duro que ayudará a desarrollar la salud física y mental.

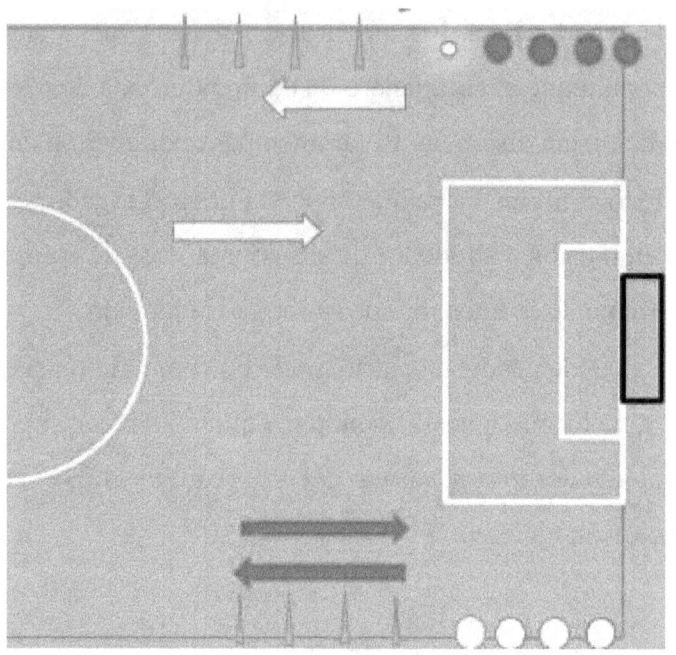

- Dos equipos se alinean según el diagrama. Los jugadores blancos atacan y tiene la pelota.

- El guardameta (amarillo/gris pálido) lidera la línea defensiva (blanca).

- Al sonar el silbato, los atacantes driblean por los conos y luego se organizan.

- Cada jugador debe tocar el balón y luego el dribleador debe terminar la jugada con un tiro.

- Mientras tanto, los defensas deben subir y luego volver a bajar por los conos, antes de organizarse defensivamente.

- Un buen ataque debe anotar antes de que el portero esté en posición y listo para atajar el disparo.
- Los equipos intercambian entonces sus papeles.

Tercer ejercicio: Circuito

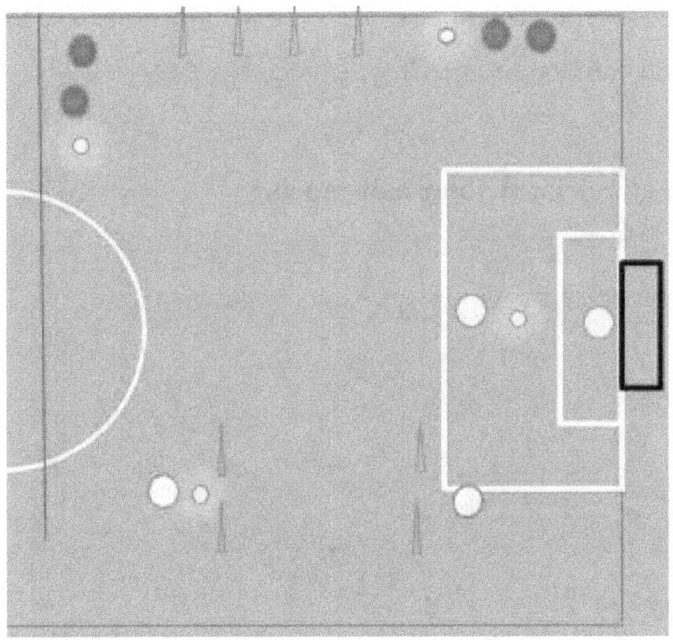

Completa el circuito con dos minutos de deporte, luego treinta segundos de recuperación, girando a través de los ejercicios.

Los ejercicios podrían incluir:

- Driblar a través de los postes, sin parar.
- Práctica de buceo - el jugador pasa la pelota de lado a lado. El portero se zambulle, pesca el balón y regresa. Intercambie después de un minuto.
- Trabajo individual en "dominadas".
- Pase sin parar con un solo toque.
- Corriendo con la pelota, controlando el empeine. Correr el ancho del campo, giro de Cruyff, luego repetir.

Cuarto ejercicio: Driblar a distancia

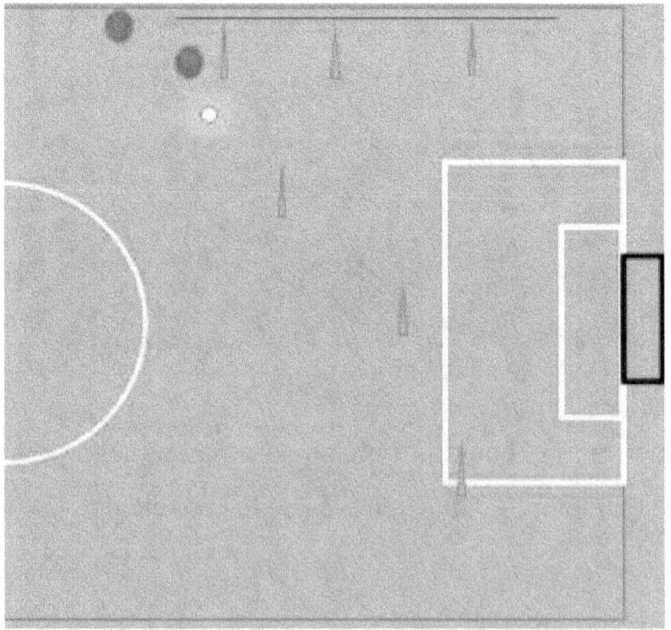

El jugador driblea en el cono, gira, driblea de vuelta al siguiente cono, gira, driblea una vez más. Todo debe hacerse a toda velocidad.

Quinto ejercicio: Sin parar

Haga este ejercicio durante tres minutos, luego descanse y luego repita. Gire las posiciones después de cada descanso.

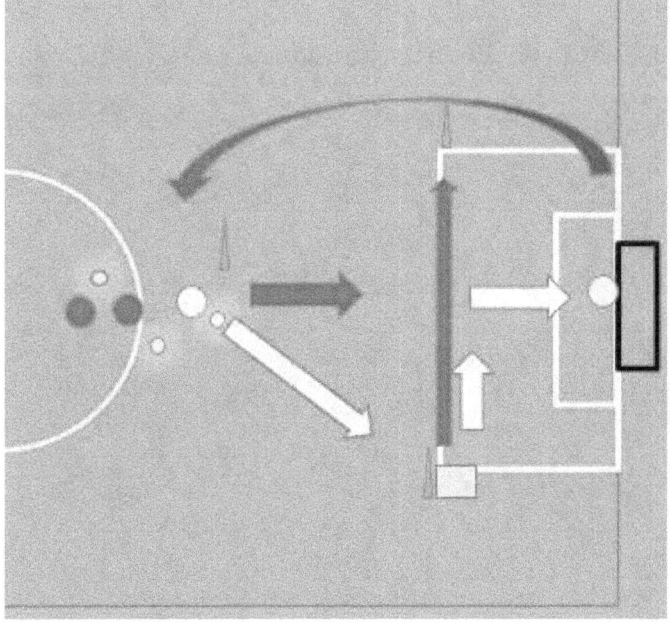

- El primer jugador (blanco) pasa el balón y se mueve.
- Recibe el pase de vuelta y tira, o driblea al guardameta, luego recoge el balón y corre a la posición de salida.

- El jugador dos (casilla) devuelve el pase y luego regresa al lado opuesto del campo listo para la siguiente entrega.
- Los jugadores tres y cuatro (gris oscuro/azul) funcionan igual que el jugador uno.
- Calcular las distancias para que el movimiento sea continuo para todos. Incluso el guardameta se enfrentará a tiros o dribleo constantes. En cualquier momento, el guardameta estará recuperando su posición, el jugador número uno, regresando con su balón, el jugador número dos cruzando el campo, el jugador número tres pasando y corriendo; y el jugador número cuatro volviendo a la posición.

Comunicación

Un equipo de grandes individuos no suele derrotar a un equipo de jugadores menores que se combinan eficazmente. Por lo tanto, la comunicación es clave. Los ejercicios que siguen animarán a los jugadores a comunicarse sobre el terreno de juego, de modo que se convierta en algo natural.

Primer ejercicio: Círculo Simple

Es un ejercicio muy sencillo, ideal para jugadores jóvenes o para un grupo nuevo.

- Simplemente organice el equipo en un círculo grande.
- Se utiliza una bola, pero el ejercicio se complica con la adición de una segunda y tercera bola.
- Los jugadores llaman a la pelota con "A John, aquí".
- Los jugadores en busca del balón identifican a su objetivo con 'John'.

Segundo ejercicio: Círculo parlante

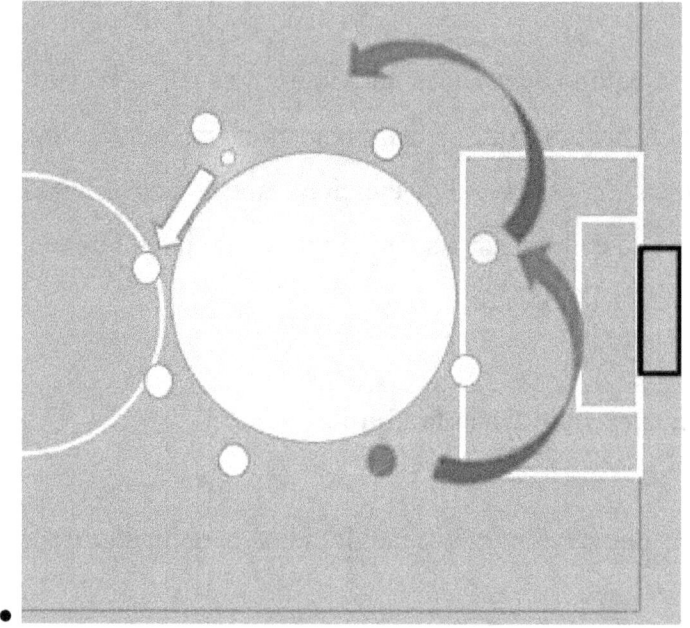

Es un ejercicio bastante complejo y es importante que el entrenador lo entienda, para que la idea pueda ser explicada a los jugadores. Sin embargo, es una excelente manera de hacer que su equipo trabaje en conjunto.

- Los jugadores forman un gran círculo de unos 15 metros de diámetro. Se necesitan al menos ocho para que el ejercicio funcione.
- Los jugadores están enumerados consecutivamente.

- Se usan dos pelotas; éstas comienzan con dos jugadores, cualesquiera.
- Se pasan los balones. El número uno pasa al número dos y así sucesivamente.
- El entrenador llama a dos números. Por ejemplo, cuatro y siete. Estos se muestran en los círculos amarillo/gris claro y azul/gris.
- El número cuatro corre al puesto del número siete, y el número siete al puesto del número cuatro.
- Los balones se pasan continuamente, sólo se detienen si el objetivo es uno de los jugadores que están corriendo.
- Tan pronto como los dos corredores están en posición, se llaman dos números más.
- Muy rápidamente, los números se mezclarán en el círculo, y el equipo tendrá que comunicarse para saber hacia dónde debe dirigirse cada pase.

Tercer ejercicio: Demostrar el punto

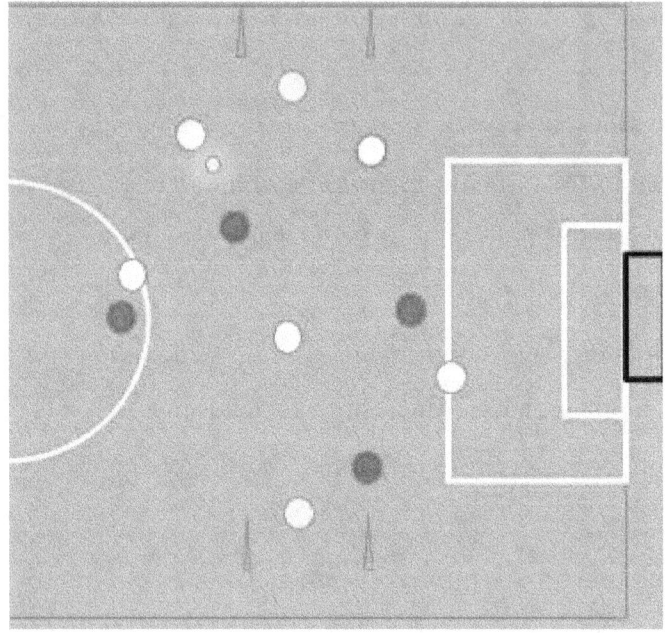

Este simulacro funciona demostrando la importancia de la comunicación al quitarla. Es un ejercicio que sólo debe usarse una o dos veces con un grupo particular de jugadores.

- Prepara un pequeño campo lateral
- Juegue un juego normal, pero prohíba que hablen. Cualquier palabra resultará en un tiro libre a la oposición.

- Jueguen sólo por un tiempo corto y luego revisen precisamente el impacto de no comunicarse.

Cuarto ejercicio: Hombre extra

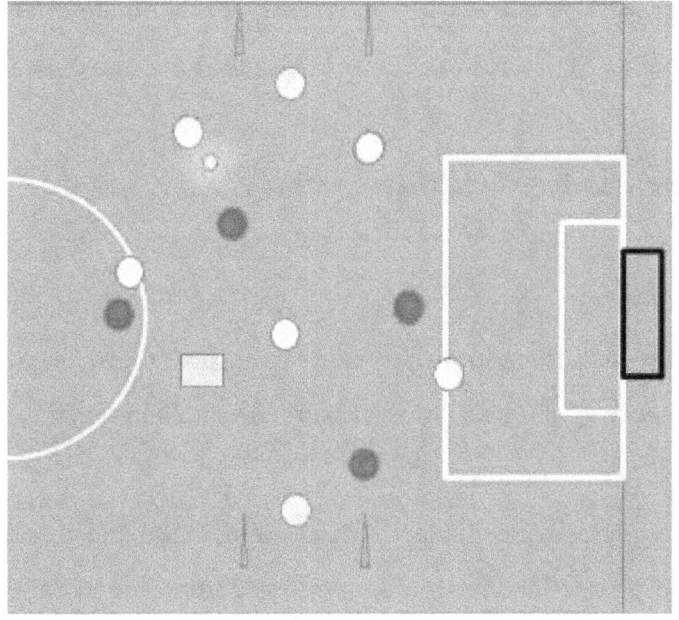

Para este ejercicio, se juega una partida con un jugador de extra, que se muestra en el símbolo de la casilla de arriba. Este jugador juega por el equipo que esté en posesión del balón. Después de un tiempo, esto se puede cambiar para que el jugador siempre esté del lado del equipo que no tenga la posesión.

El juego es simple. Sólo un partido normal, pero el jugador extra sólo puede moverse y participar cuando se le da la instrucción, como por ejemplo, '¡Pase largo! ' '¡Atrás de ti! ' y cosas por el estilo.

Este simulacro puede ser desarrollado con un segundo o incluso un tercer jugador extra. Esto puede marcar una rápida diferencia para un equipo si los jugadores pueden ser utilizados eficazmente.

Quinto ejercicio: Manejo del hombre

No se trata de un ejercicio en sí mismo, sino de una habilidad clave que un entrenador debe poseer para sacar el máximo provecho de sus jugadores y desarrollarlos hasta donde puedan llegar.

Ya que estamos hablando de comunicación en esta sección, el entrenador debe reconocer que mientras algunos de los miembros de su equipo son líderes naturales sobre el terreno de juego, dirigiendo, aconsejando e instruyendo; otros son más callados. Es importante establecer por qué. Esto podría ser sólo una timidez natural, o tal vez un sentimiento de inferioridad. Podría ser tan simple como que el jugador se está concentrando mucho en el juego, y lo hace en silencio en lugar de con mucha charla.

El buen manejo del hombre identifica las razones de la falta de comunicación, y luego ayuda a erradicarla. Este es un asunto individual. Se debe trabajar con los jugadores uno a uno para asegurarse de que se comuniquen. Los trucos pueden incluir explicaciones sencillas de por qué la comunicación es importante para crear posibles situaciones, como permitir que sólo uno o dos jugadores de un equipo hablen.

Toque en equipo

Al principio del libro hemos analizado los ejercicios de pases individuales. Ahora podemos usar esas habilidades para crear situaciones más realistas. Recuerde, también, los 'Segmentos', que es una excelente actividad de pase en equipo.

Primer ejercicio: Cuadrados

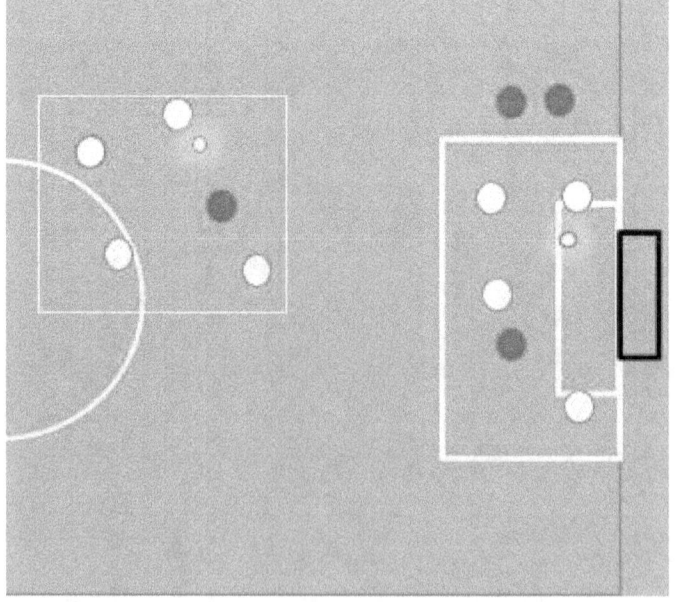

Este simple ejercicio es activo y demuestra la eficacia de un paso nítido y un movimiento pulcro.

- Crear una cuadrícula grande, del tamaño de un área penal.
- Comience con 4 contra 1, pero haga el desafío cada vez más difícil añadiendo un defensor adicional, 4 contra 2, y luego 4 contra 3.
- El objetivo es pasar y moverse para mantener el balón alejado de los adversarios. Si se intercepta un pase, entonces los atacantes se convierten en defensas, y el defensor que hizo la intercepción se une al grupo atacante.

Segundo ejercicio: Pase y Disparo

Otra forma sencilla de organizar el ejercicio. Esto utiliza los pases para crear una oportunidad de tiro para un equipo.

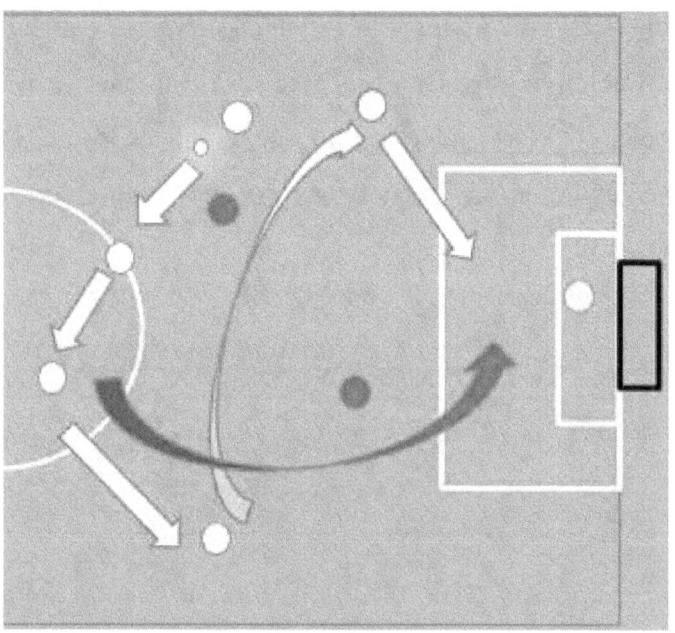

• Organice un ejercicio de 5 contra 3 (siendo uno de ellos un guardameta).

• Los jugadores blancos deben hacer al menos cuatro pases, y luego pasar al área para que su compañero dispare.

• Los jugadores grises intentan defenderse. No se les permite ingresar en el área penal.

Tercer ejercicio: Triángulos

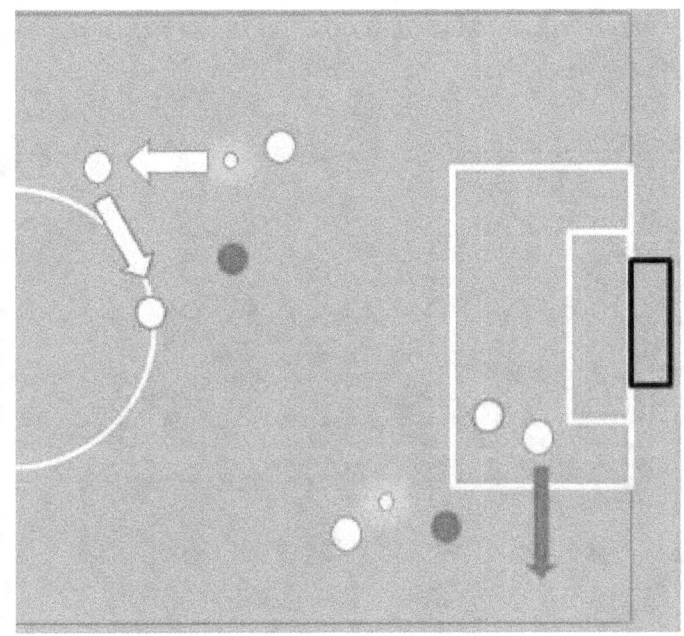

Los pases en triangulo son una forma clave de crear espacio y retener la posesión. Recuerde, en el diagrama, las líneas blancas representan la dirección de la pelota, y las líneas azules/grises la dirección de los movimientos de los jugadores.

- Este ejercicio utiliza 6 jugadores contra 2, subdividido en dos grupos de 3 contra 1.
- El ejercicio es fácil. Cada grupo de tres se mueve para crear un triángulo, dando así siempre un simple pase alrededor del oponente.

- Los pases deben ocurrir dentro del triángulo, y entre triángulos.
- El simulacro puede ser desarrollado con la adición de un guardameta y un reto para crear espacio para un tiro.

Cuarto ejercicio: Juego de dos toques

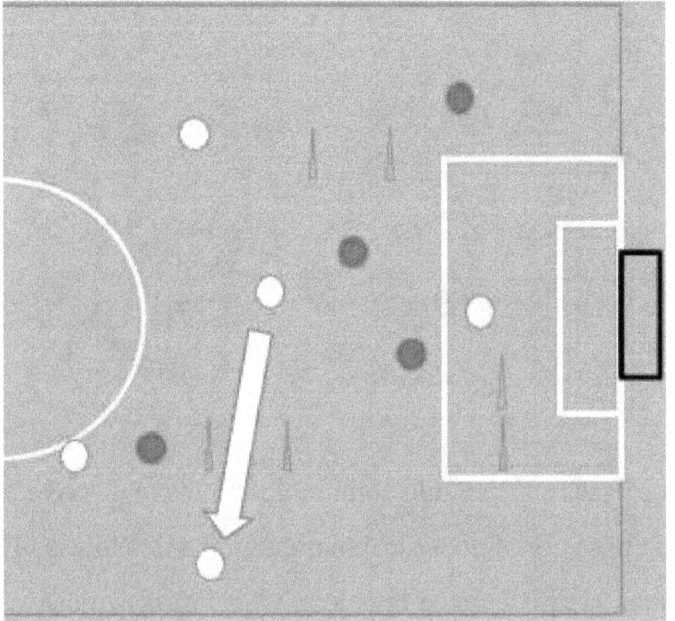

Un gran ejercicio para que los jugadores piensen y trabajen en sus pases.

- Organice tres o cuatro pares de conos al azar sobre el terreno de juego para representar los arcos.
- Permita que toquen el balón dos veces.
- Se marcan los goles al pasar el balón a través de un arco, en cualquier dirección, a un compañero de equipo.
- Haga que el ejercicio sea aún más duro introduciendo el pase de un solo toque.

Quinto ejercicio: Traslado de equipos complejos

Recuerde, las líneas más oscuras muestran el movimiento de los jugadores, mientras que las más claras muestran el movimiento de la pelota.

Este es un ejercicio complejo, pero a partir del cual se pueden desarrollar otros movimientos de pase.

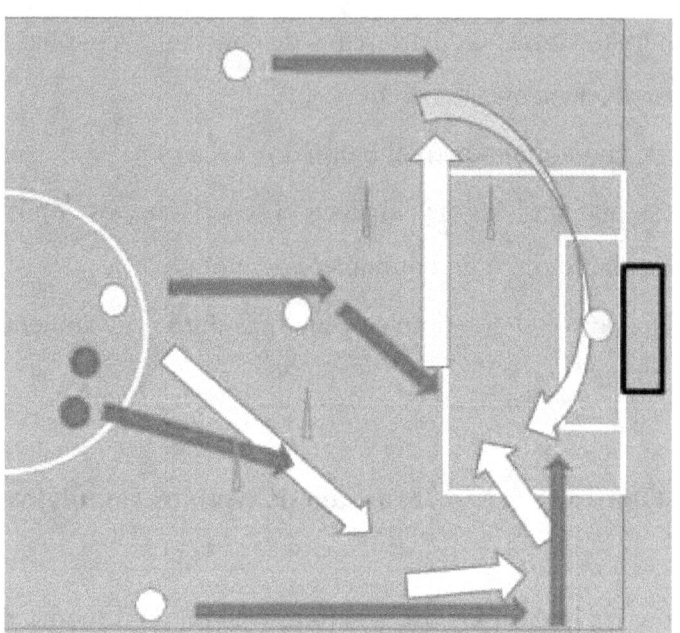

El objetivo es cambiar el juego para crear espacio para un cruce o un pase al área.

- En el círculo central hay tres jugadores. Dos defensores (oscuros) y un atacante que tiene el balón. También hay un portero, y otros tres jugadores ofensivos, con la derecha, el centro y la izquierda. Analizaremos los papeles de cada jugador atacante por turno.
- El que da el pase coloca la pelota bien ancha a través de los conos. Luego avanza hasta el borde del área. Su próximo trabajo será pasar el balón a la izquierda cuando lo reciba, y luego meterse en el área para el centro.

- El extremo derecho driblea, tira del balón hasta el borde del área y espera el centro en el segundo palo.

- El atacante central se moverá hacia el borde derecho del área, listo para la devolución de su extremo. Luego pondrá la pelota, en el primer cuadrado, al jugador original de la jugada, que para entonces estará en posición.

- El atacante izquierdo se adelanta, coge el balón que se lo han pasado y patea el balón al área en un solo toque o en dos toques

- Cuando funciona bien, la sincronización sea buena, y los defensores estén demasiado estirados para detener el ataque, a menudo se consigue el objetivo.

Intercepciones de equipo

El fútbol moderno ve a buenos entrenadores y jugadores en forma capaces de defender muy eficazmente cuando están en formación. Esto significa que interceptar pases puede ser a menudo la forma más eficaz de lanzar un ataque, ya que la defensa estará fuera de posición, debido a que estaban en posición de ataque

Esta fase del juego se llama transición, y los mejores entrenadores la ven como el aspecto más importante y difícil del fútbol moderno. Un equipo que puede interceptar y luego lanzar un ataque desde esa posición es a menudo el que finalmente ganará el juego.

Las intercepciones suelen venir de un pase extraviado, y ese pase extraviado será el resultado de la presión sobre el balón, lo que hará que los que lo tienen en su posesión realicen pases cada vez más imprecisos.

Primer ejercicio: Aplicando Presión

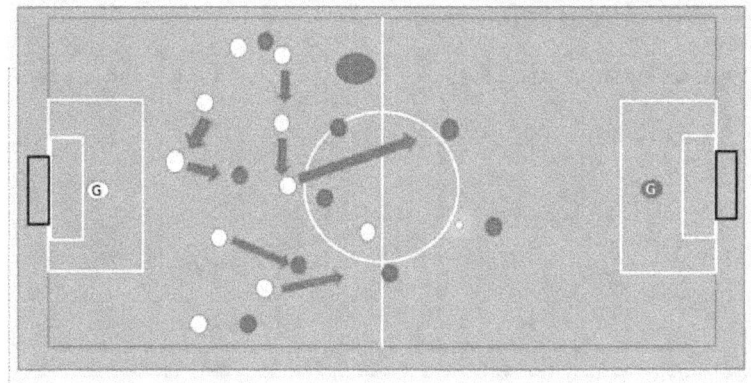

La formación defensiva de arriba es fuerte. El equipo blanco tiene una línea de cuatro, más un defensor libre, con otra línea de cuatro delante de ellos. Un solo delantero presiona a la defensa. Las flechas muestran el movimiento de los jugadores. Nota, el jugador más cercano presiona la pelota. Trabajando en equipo, los jugadores blancos crearán una situación en la que los dos únicos pases sean devolver el balón al guardameta, lo que es aceptable defensivamente, o un primer o segundo pase a los anchos mediocampistas derechos (más grandes en el diagrama). En primer lugar, ese pase se habrá realizado bajo presión, por lo que existe el riesgo de que se pierda el balón; en segundo lugar, si tiene éxito, el balón no se encuentra en una posición peligrosa.

Los puntos clave para entrenar en su defensa son los siguientes:

Todos los jugadores deben poder:

- Presionar el balón, o
- Cubrir a un jugador, o
- Cubrir un espacio.

Ejercicio:

- Tener muchos balones
- Consigue que los atacantes establezcan una posición realista
- Permitir que la defensa organice dos líneas de cuatro, o uno de cinco y uno de cuatro.
- Reproducir la secuencia
- Destacar la importancia de moverse en equipo
- Tan pronto como se pierde la posesión, comienza una nueva secuencia.

Segundo ejercicio: Interceptando

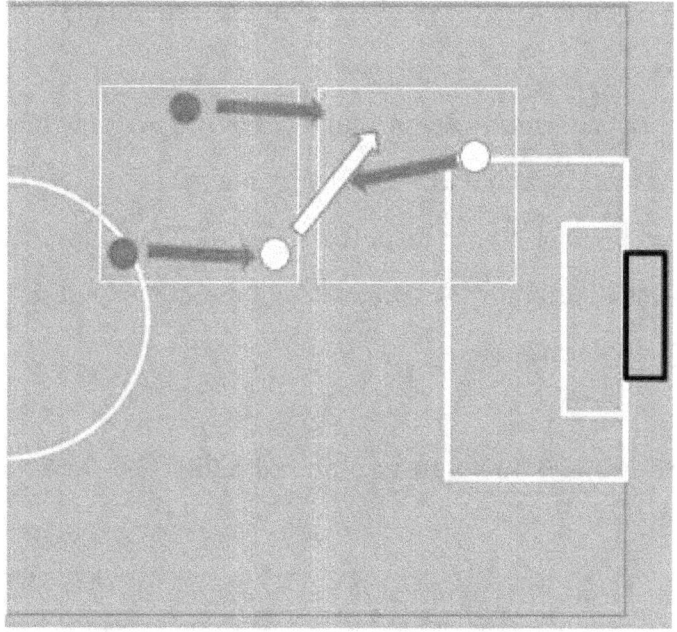

Hay que dedicar mucho tiempo para que los jugadores practiquen la interceptación del pase. Si no calculan la distancia bien para la intercepción, se pierden temporalmente en la defensa, y se ha creado espacio para el jugador atacante, por lo que el juicio es crucial.

El simple ejercicio anterior ayuda a los jugadores a juzgar si pueden hacer la interceptación.

- Utilice dos cuadrículas como se indica arriba.

- Los defensores del equipo blanco decidirán pueden interceptar el balón cruzado jugado por el jugador más oscuro que va hacia adelante.

- Los indicadores serán si el jugador oscuro tiene buen control, si su pase parece controlado y así sucesivamente.

- El jugador blanco de defensa profunda toma la decisión de interceptar o simplemente realiza la defensa al receptor oscuro.

- Gire las posiciones.

Tercer ejercicio: Juego de equipo reducido

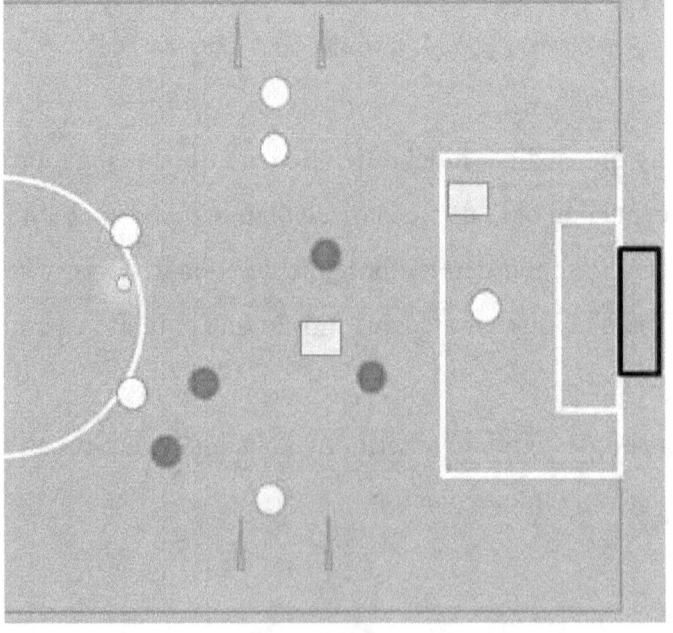

Aquí, los equipos más pequeños permiten más toques del balón. La transición también es menos frecuente, por lo que el juego puede desarrollarse más plenamente.

• Cinco contra cinco con dos jugadores extras(casilla) que representan al equipo que tiene la posesión. (En otras ocasiones, pueden representar al equipo en defensa).
• Juegue el juego, deteniéndose para resaltar los movimientos de transición efectivos de ambos equipos.

Cuarto ejercicio: Transición Sin oposición

Esto debería ser un simulacro corto, ya que no es una situación realista para un partido.

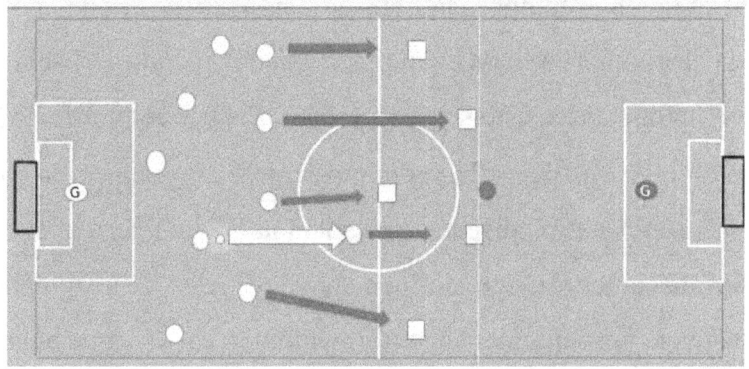

- En primer lugar, la transición al ataque.

- Prepara una formación defensiva.

- El entrenador, o un jugador contrario, pierde un pase.

- Se hace la intercepción, y el equipo entra rápidamente en una formación atacante.

- El equipo "oponente" crea una línea de fuera de juego e en retirada donde se juega esta regla.

- En segundo lugar, la transición a la defensa.

- Prepara una jugada de ataque.

- Perder un pase para el único oponente.

- Muévanse rápidamente a una formación defensiva.

- Permita un tiempo para esto, por ejemplo, tres segundos.

- Se analizan las paradas y posiciones de juego.

- En cualquiera de las dos fases de la transición, es esencial que todos los jugadores conozcan su papel, recordando que la transición al ataque puede fallar, y entonces la transición a la defensa es de nuevo necesaria. Cuando los equipos envían demasiados jugadores hacia adelante en la transición, esto se conoce como "sobre compromiso".

- En el diagrama de arriba, la mitad central intercepta y da pase al delantero central. Cuatro corredores se adelantan, el número nueve pasa a uno de los atacantes y luego también apoya. El resto de los jugadores de campo suben, pero mantienen su formación en caso de que el ataque se rompa.

Quinto ejercicio: Jugada de gol

Esta es la forma más realista de un ejercicio. Juega un partido normal, pero cada vez que el balón se pierde el entrenador examina las acciones de sus compañeros. Si su movimiento no es el correcto, el juego se detiene y se establece el punto de entrenamiento.

Posesión

Mantener la posesión implica usar las habilidades de pase y control que hemos explorado anteriormente en el libro. Significa crear triángulos para que siempre haya una simple transmisión para la persona en posesión. Significa que el portero entra en juego para convertirse en un hombre extra, e implica hacer carreras y encontrar espacios.

Estos ejercicios emplean y perfeccionan muchas de las tácticas mencionadas anteriormente.

Primer ejercicio: Cómo usar al guardameta

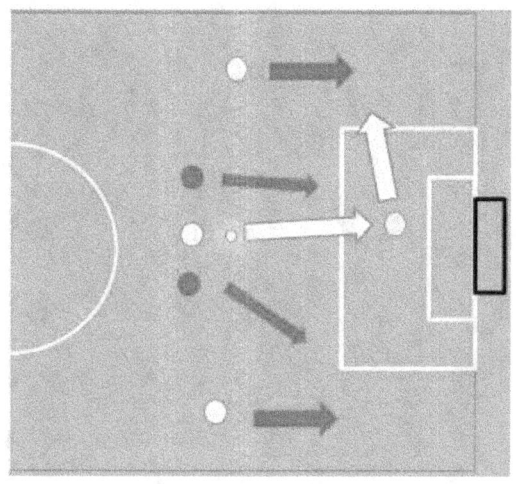

- 4 contra 2.
- El jugador en posesión da un pase al guardameta. Nota: trabaje con un pie en particular; el guardameta necesita tener dos pies, pero quiere un pase que también pueda patear largo en un solo toque si es necesario.
- Los dos jugadores extremos retroceden para recibir el pase.
- Los dos oponentes se separan, uno cierra el portero y el otro elige a un jugador de campo para marcar.
- Una vez que la pelota es jugada, los oponentes caen (a menos que puedan ganar la pelota), y la secuencia comienza de nuevo.

Segundo Ejercicio: Correr

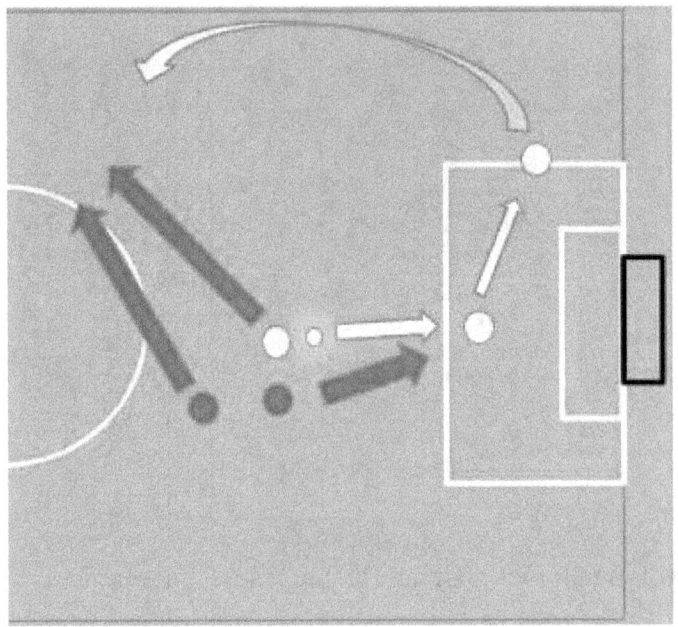

- 3 contra 2.
- El balón se tira hacia atrás con un pase del delantero.
- El delantero corre al espacio.
- El receptor del pase pone un pase corto ancho.
- Se hace un pase largo `en el canal' (es decir, largo en el espacio hacia debajo de la banda).
- Los oponentes empiezan desde donde se indica, luego uno intenta presionar el balón, el otro marca al atacante haciendo una carrera.

Tercer ejercicio: Superposición de defensa

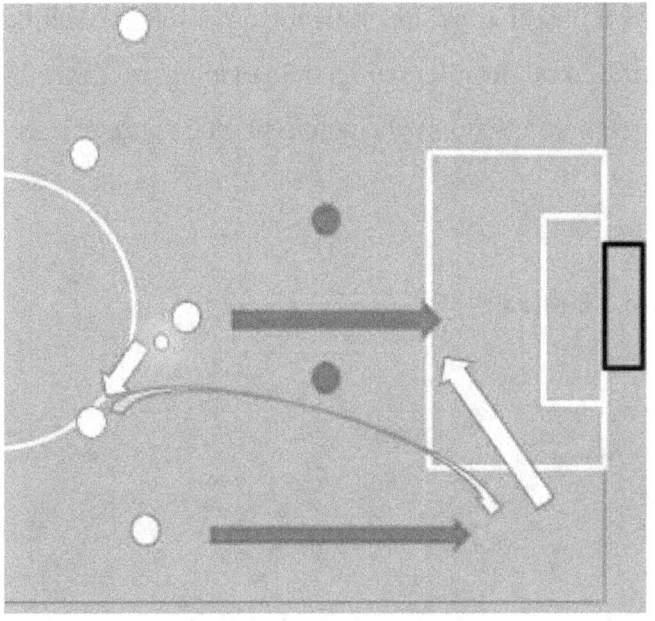

- 5 contra 2
- Se da un pase hacia atrás por uno de los mediocampistas atacantes.
- Luego el balón es pateado para que toda la defensa se mueva hacia adelante.
- Los adversarios presionan el balón y a los jugadores más cercanos, como lo harían en un partido.
- Esto crea espacio para la defensa.

• Los dos defensores laterales se alternan haciendo una carrera hacia adelante.

• El equipo en posesión del balón tiene como objetivo mantener la posesión el mayor tiempo posible, reiniciando el ejercicio desde la posición de superposición. Esto ayuda con la práctica para el trabajo de transición.

Cuarto ejercicio: 5 contra 5 + 2

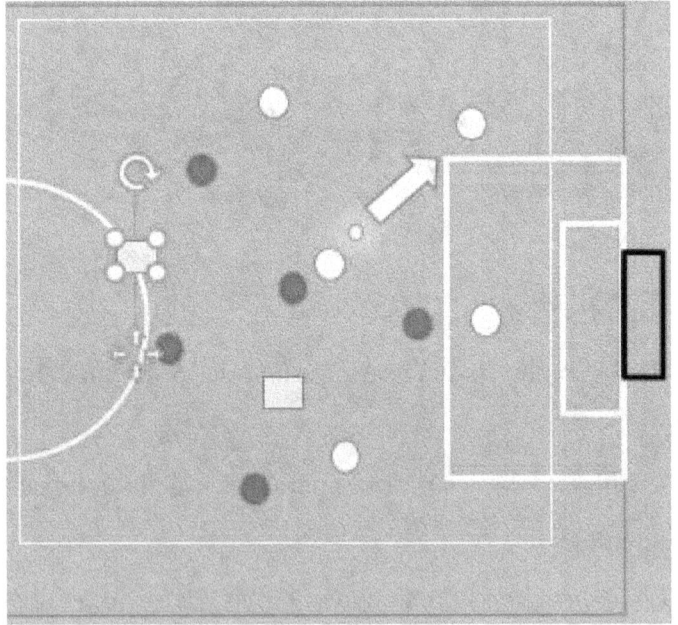

• Otro simulacro con dos jugadores extras.
• No hay metas.

- El objetivo es mantener la posesión durante el mayor tiempo posible.
- La posesión cambia si se hace una intercepción, o si la pelota sale del juego.
- Los jugadores extra siempre están del lado del equipo que tiene la posesión.
- El entrenador busca movimiento, buen control y una posición corporal fuerte y abierta al recibir el balón.

Desarrollo

El ejercicio puede ser más desafiante si se reduce el espacio en el que juega el equipo, o si se introducen reglas tales como dos toques como máximo o un pase en un toque.

Quinto ejercicio: Juego completo

El ejercicio final en este libro abarca todos los ejercicios y técnicas que hemos cubierto.

- Es un juego completo.
- Se aplican las reglas normales.

- Debería ser una situación de partido. El entrenador o los entrenadores se aseguran de que cada jugador conozca su papel.

- Se aseguran de que cada jugador tenga dos o tres objetivos para ayudar a mejorar su propio juego. Pueden ser tácticos, como decirle a un lateral que se concentre más en avanzar; pueden ser técnicos, como asegurarse de que un delantero tenga el cuerpo y los brazos correctamente posicionados cuando reciba el balón con la espalda hacia la portería. (Masa corporal detrás, hombro que se dirige desde la dirección del juego, centro de gravedad bajo para soportar la presión física desde atrás). Los objetivos podrían aplicarse a todo el equipo, o a un grupo grande de jugadores, como la importancia de la comunicación.

- Un juego individual o de equipo especialmente bueno, y un trabajo colectivo especialmente débil, deberían hacer que el juego se interrumpiera tan pronto como fuera posible, y el punto en el que se hace hincapié se resalte. No detenga el juego para molestar a un individuo negativamente; eso debe hacerse en privado más tarde.

- Recuerde, incluso en los niveles más altos, practicar deporte debe ser un placer antes que cualquier otra cosa.

Palabras finales

Este libro de ejercicios y consejos ayudará a cualquier jugador o equipo a mejorar. Los mejores entrenadores y los jugadores con más potencial van un paso más allá.

Ellos son los que toman los tipos de ejercicio estándar que trata este libro, y los adaptan para satisfacer las necesidades de sus propios equipos, o sus propios requerimientos individuales. Por lo tanto, mire estos ejercicios y vea cómo pueden abordar de la mejor manera posible las deficiencias técnicas y de habilidades más evidentes en su equipo.

Utilícelos como punto de partida y haga los cambios sutiles que los hacen a la medida de las necesidades de su equipo; mejor aún, haga que sus jugadores los adapten ellos mismos, tal vez identificando cómo un ejercicio de equipo puede enfocarse más de cerca en una debilidad para ayudar al equipo a mejorar.

Sobre todo, recuerde que el fútbol se trata de disfrutar, de mejorar sus habilidades individuales y de equipo en el contexto de un deporte simple y popular.

Una vez que la diversión se detiene, también lo hace el punto del juego. Ése es, sobre todo, el mensaje clave para todos los entrenadores, todos los jugadores y, de hecho, todos los aficionados a este "deporte rey".

www.ingramcontent.com/pod-product-compliance
Lightning Source LLC
Chambersburg PA
CBHW071010080526
44587CB00015B/2419